BIOGRAPHIE

DE SA GRANDEUR

MGR GEORGES DARBOY

Archevêque de Paris

AVEC UNE NOTICE SUR

LES PRINCIPAUX OTAGÉS

MASSACRÉS EN MAI 1871, PAR ORDRE DE LA COMMUNE

Contenant le Compte Rendu de leurs Funérailles

PRÉCÉDÉE

DE DOCUMENTS OFFICIELS

Et suivie de notes justificatives

PAR

C. ORDIONI (DE CASA-MACCIOLE)

AVOCAT

—

Nouvelle édition ornée de portraits, revue et corrigée

PARIS

LIBRAIRIE ADRIEN LECLERE ET Cie

Imprimeurs de N. S. P. le Pape et de l'Archevêché de Paris

RUE CASSETTE, 29.

Et chez les principaux libraires

—

1871

AU LECTEUR

———

Notre *première édition* de la NOTICE *sur Sa Grandeur Monseigneur DARBOY* et sur les *Prêtres du Diocèse de Paris*, massacrés par ordre de la Commune, ayant été entièrement épuisée dans une semaine, nous a prouvé combien la mémoire de ces nobles et saintes victimes est chère et sacrée. Car ce n'est pas assurément à l'habileté de notre plume, ni aux qualités littéraires d'un écrit préparé, pour ainsi dire en quelques heures, au milieu d'une pénible émotion, que nous devons le succès de notre publication. L'accueil si flatteur que le public a fait à notre travail, est dû tout entier aux sympathies qui s'attachent au nom du vénérable Archevêque et de ses dignes Coopérateurs.

Votre bienveillance, cher lecteur, ne fera pas défaut non plus à la *nouvelle édition* que nous publions aujourd'hui. Pour la mériter, nous avons, du reste, fait disparaître les erreurs qui nous ont été signalées dans notre premier travail [a] et nous avons recueilli un grand nombre de documents officiels du plus grand intérêt.

A la *Biographie* des Ecclésiastiques tombés martyrs de leur foi, nous avons ajouté celle d'un Frère des Ecoles de la Doctrine Chrétienne frappé mortellement par un obus sur le boulevard Mazas, en se séparant de nous, et de deux hommes de bien, qui ont trouvé également la mort dans l'accomplissement de leur devoir : nous voulons parler de M. le président Bonjean et de notre confrère M. Gustave Chaudey, avocat et publiciste.

Puisse notre œuvre, ainsi transformée, trouver sa place dans les *Bibliothèques Chrétiennes*, pour y conserver le souvenir des plus illustres victimes de la tyrannie révolutionnaire de mai 1871.

C. ORDIONI (DE CASA-MACCIOLE),

Juin.

[a] Voir les notes justificatives.

DOCUMENTS OFFICIELS

SA SAINTETÉ LE PAPE PIE IX.

EXTRAIT de l'Encyclique adressée par N. S. P. LE PAPE
à tous les Évêques et Patriarches de la Chrétienté

« A tous ces motifs de nos chagrins s'ajoute, vénérables frères, cette longue et déplorable série de calamités et de malheurs qui ont si longtemps poursuivi et frappé la très-noble nation française. Dans ces jours mêmes, cette série de maux a été accrue en d'immenses proportions par les excès inouïs d'un ramas effréné d'hommes perdus, particulièrement par le crime atroce de parricide consommé dans le meurtre de notre vénérable frère l'Archevêque de Paris. Vous imaginerez facilement à quel point ont dû nous émouvoir des actes qui ont agité d'horreur tout l'univers. »

« PIE IX, Pape »

MANDEMENT

DU CHAPITRE MÉTROPOLITAIN DE L'ÉGLISE DE PARIS

LE SIÉGE VACANT, QUI ORDONNE DES PRIÈRES POUR LE REPOS DE L'AME DE S. G. Mgr GEORGES DARBOY, ARCHEVÊQUE DE PARIS, ET RÈGLE L'EXERCICE DE LA JURIDICTION SPIRITUELLE, PENDANT LA VACANCE DU SIÉGE.

Nos très-chers frères,

Les cruelles appréhensions qui, depuis environ deux mois, oppressaient nos cœurs et les vôtres, ne se sont, hélas! que trop réalisées. Mgr Darboy, archevêque de Paris, n'est plus!

Vous le savez, nos très-chers frères, chacun de vous l'a suivi comme nous, en esprit, dans cette véritable *voie douloureuse*; arrêté au début même de la semaine consacrée aux grands souvenirs, aux touchants mystères des souffrances de la mort de Notre-Seigneur Jésus-Christ, comme pour lui donner ce trait particulier de ressemblance avec ce divin modèle, le vénérable et infortuné prélat se vit aussitôt, avec un certain nombre de ses prêtres, renfermé dans la geôle des plus insignes criminels; sans autre motif que d'être entre les mains de ses persécuteurs, un otage de haut prix, dont ils ont, en effet, essayé de se faire une défense, tantôt en le proposant, ou mieux, en le forçant à se proposer de sa propre main pour un échange qui rappelle invinciblement à la pensée le parallèle dont le Sauveur des hommes fut lui-même l'objet dans sa passion; tantôt en le menaçant d'une mort

affreuse, ainsi que ses nombreux compagnons de captivité. Après avoir épuisé là, dans cet étroit et malsain
cachot, tous les genres d'agonie; après y avoir, à la
lettre, bu goutte à goutte *le calice de l'amertume et de la
douleur, calicem mœroris et tristitiæ* (Ezech., XXII, 33),
transféré tout à coup dans une autre prison, il y recevait
la mort, dès le lendemain, avec cinq autres non moins
nobles victimes, en vrai martyr de la foi et de la charité,
pardonnant à ses assassins et les bénissant. C'est, jour à
jamais néfaste ! le mercredi 24 mai 1871, à huit heures du
soir, que se passait cette scène de sang et de terreur, au
milieu des horribles circonstances que vous connaissez.
Ces lugubres, mais glorieux sacrifices se renouvelaient
les jours suivants, et qui sait quand ils auraient fini, si,
dans sa miséricorde, la divine providence n'était venue y
mettre elle-même un terme ?

Où trouver, nos très-chers frères, des paroles capables
d'exprimer la consternation et le deuil que de semblables
forfaits ont répandus dans toutes les âmes et sur cette
malheureuse Eglise de Paris, soumise, périodiquement,
pour ainsi dire, à tant d'épreuves toujours croissantes ?
Pour nous, nous ne pouvons que nous écrier avec le
prophète : « Qui donnera de l'eau à ma tête et à mes
yeux une fontaine de larmes, pour pleurer nuit et jour
tous ces morts de la fille de mon peuple ? *Quis dabit capi-
ti meo aquam et oculis meis fontem lacrymarum* (Jérem.,
IX, 1). Pleurons donc tous sur la perte de notre illustre
premier pasteur, immolé ainsi dans un âge qui promettait
encore une longue carrière de travaux et de vertus. Emi-
nent par le talent, riche de tous les dons de l'intelligence
et du savoir, sincèrement dévoué aux intérêts sacrés de
l'Eglise et de son vaste diocèse, sa vie et sa mort rehaus-

sent également la splendeur du siége sur lequel il s'est assis. Mystérieuse et sublime destinée de ce grand siége! C'est par le sang d'un martyr que ses fondements ont été cimentés, et, depuis un quart de siècle, remontant, en quelque sorte, vers son origine, c'est encore le sang versé de ses pontifes qui vient en rajeunir et augmenter la gloire. Pleurons aussi sur tant d'autres victimes des catastrophes que nous venons de traverser. Pleurons sur tous nos temples profanés, dévastés, sur nos monuments détruits. Pleurons sur le pillage des biens ecclésiastiques, sur la persécution organisée contre les communautés religieuses...

Mais ne nous bornons pas, nos très-chers frères, à ces larmes, à ces témoignages extérieurs de notre douleur et de nos regrets.

Rentrons en nous-mêmes. Relevons vers le ciel nos regards et nos pensées. Adressons-lui de ferventes prières, d'abord pour le repos de l'âme de celui qui fut notre archevêque, notre père, et de tous ceux qui ont péri avec lui. Et ici, pourrions-nous ne pas donner une mention spéciale au digne et respectable collaborateur dont le cercueil est à côté du sien, qui a si longtemps présidé le chapitre de Notre Dame, administré le diocèse, et par là même rendu de si précieux services aux fidèles de cette grande cité?

Efforçons-nous ensuite de faire amende honorable à Dieu pour les scandales, pour les blasphèmes dont nous avons été témoins, et pour les effrayantes doctrines qui ont retenti jusque dans la chaire de vérité. Ne nous le dissimulons point, ce ne sera que par ces prières, par ces réparations, par une vie désormais plus chrétienne, que nous attirerons les grâces d'en haut sur nous et assurerons, avec la conservation de la foi et les bonnes mœurs dans notre pays, la paix, la prospérité et le salut de l'avenir.

A ces causes, etc.

. . . .

. . . .

——→>>>✕<<<←——

Monseigneur l'évêque d'Orléans a adressé au clergé et aux fidèles de son diocèse, sur les derniers malheurs de Paris, pour demander de solennelles expiations, une lettre pastorale dont nous reproduisons les passages suivants :

« Ce ne sont plus seulement des prières, mes très-chers frères, ce sont des expiations que je viens vous demander, et qu'il faut offrir à Dieu pour notre malheureux pays.

« Car des crimes ont été commis, sans nom et sans exemple dans l'histoire, crimes contre la patrie, contre la société, contre la civilisation, contre l'humanité, contre la religion, contre Dieu.

.... Oh! les oreilles tintent, comme dit le prophète, et les mains tombent à tout un peuple d'abattement et d'effroi; *tinnient aures... et manus populi terræ conturbabuntur!* Devant de telles catastrophes on ne se sent plus la force que de courber la tête, de se frapper la poitrine et de crier à Dieu : « Seigneur, pardonnez, pardonnez à votre peuple et ne soyez « pas irrité éternellement contre nous! *Parce, Domine, parce* « *populo tuo; ne in æternum irascaris nobis!* »

« .... Mais il faut plus, mes très-chers frères; une voix sort de ces ruines, éclatante, formidable, secourable aussi, et il faut savoir entendre ce que crie cette voix :

« *Et nunc, reges, intelligite; erudimini, qui judicatis ter-* « *ram!* Et maintenant, comprenez, instruisez-vous, et vous, « peuples, et vous, princes des peuples, et vous tous qui gou- « vernez les hommes! »

« .... Car si nous avons toujours des yeux pour ne pas voir et des oreilles pour ne pas entendre, c'en est fait de nous, nous sommes un pays désespéré, et la France est perdue; quels plus terribles enseignements pourrait-elle, en effet, attendre encore?

« Que les habiles cherchent ici les causes politiques, qu'ils signalent les fautes commises, les responsabilités encourues, soit; mais ces vues, s'il n'y en avait pas d'autres, ces vues mortelles hébéteraient trop nos regards, comme disait cet ancien : *mortales hebetat visus.* Il faut aller aux causes profondes; il faut regarder plus haut, jusqu'à « cette puissance su- « périeure » que nomment en ce moment ceux-là mêmes qui semblaient le moins y croire. Par delà ces flammes qui dévorent Paris, il est impossible de ne pas voir la main des hommes; il faut y voir aussi ce que la religieuse antiquité voyait dans les grandes catastrophes, *numina magna Deum,* et pour le langage chrétien, il y faut voir Dieu, nous châtiant par nous-mêmes, écrasant notre orgueil sous les coups d'une main qui semble implacable, et confondant enfin cette infatuation funeste qui détournait de lui nos pensées et nos cœurs, et qui nous a tous enivrés et perdus!

« *Le doigt de Dieu est ici!* qui peut maintenant ne le pas sentir.

« Ah! déjà, en s'inclinant sous la main divine, en demandant à la religion de publiques prières, l'Assemblée nationale l'avait senti et proclamé.

« Mais ces prières, je le dis avec confusion et douleur, il y en a qui les ont raillées; ce grand et naturel mouvement d'un peuple qui se tourne vers Dieu dans le malheur, il y en a qui en ont ri : la presse irréligieuse et révolutionnaire n'a pas manqué de renouveler ici ses blasphèmes accoutumés.

« Eh bien! devant ces ruines fumantes de Paris, devant ces derniers éclats de la foudre, devant ces crimes accumulés, rirez-vous encore, messieurs? Argumenterez-vous, sophistes? Et blasphémerez-vous, impies? Ah! vous n'avez pas voulu voir le divin, eh bien! le satanique vous est apparu!

« Si vous le pouvez, niez-le. Est-ce que ce qui vient de se passer là n'est pas satanique? Est-ce que le mal, la fureur du mal, la rage insensée de la destruction, le meurtre, le sacrilége, l'impiété peuvent aller plus loin? Cette vaste et formidable association qui a mené et qui mène encore toute cette révolution, est-ce que son premier dogme ce n'est pas l'athéisme?

« Lisez les statuts de l'*Alliance* :

« Art. 1er. L'*Alliance* se déclare athée. Elle veut l'abolition des cultes et en même temps du mariage.

« Art. 2. Avant tout, l'abolition définitive des classes, l'égalisation politique des deux sexes. Avant tout, l'abolition du droit de l'héritage (1).

Et comme il y a, outre la religion, deux autres colonnes qui soutiennent l'ordre social, la magistrature et l'armée, ils n'en veulent plus.

« Ainsi, plus de religion ni de Dieu; plus de culte ni de prêtres; plus de codes ni de magistrats; plus de soldats ni d'armée; plus d'hérédité; plus de propriétés transmissibles par les pères aux enfants; plus de hiérarchie dans la société; plus de société; plus de mariage; plus de famille. Voilà ce qu'ils veulent.

« Et qu'est-ce qui accomplira toute cette œuvre? La Révolution; et ils la définissent, l'un « une matière en fusion, pa« reille à la lave des volcans; » l'autre « un coup de foudre qui éclairera, dit-il, ceux qu'elle frappera. »

« N'est-ce pas ce que nous venons de voir à Paris?

« Voilà pourquoi, à tous leurs excès, vous avez vu se mêler, à un degré si prodigieux, la haine de la religion, la Commune se hâter de proclamer et d'installer dans les écoles l'enseignement athée, profaner et piller les églises, emprisonner et fusiller les prêtres, toutes les saturnales enfin de l'athéisme et de l'impiété.

« N'ont-ils pas été jusqu'à faire monter dans la chaire de Saint-Sulpice profanée un enfant de douze ans, qui, aux ap-

(1) Association internationale des Travailleurs, par Oscar Testut, page 28.

plaudissements de leur club en délire, déclarait « qu'il n'y a pas de Dieu, qu'ils n'en veulent plus! »

« Nous biffons Dieu! » avait écrit l'un d'eux.

« Oui, c'est l'impiété révolutionnaire, c'est le socialisme athée qui a tué Paris; ce n'est pas l'huile enflammée, ce ne sont pas les bombes, ce sont les idées; les idées impies, incendiaires, subversives de toute société, dont ce pauvre peuple a été saturé! Voilà jusqu'où l'athéisme peut pousser les foules égarées. Ce n'est pas seulement la plus effroyable tyrannie imposant à une grande capitale la plus humiliante des servitudes, c'est la barbarie se portant aux plus sauvages cruautés.

« Et comme pour le montrer avec plus d'éclat au monde, Dieu a permis que ce fût à Paris même, à Paris, ce foyer si vanté de la civilisation moderne et des lumières, que l'impiété triomphante prouvât ce qu'elle sait faire.

« Ah! Dieu l'a-t-il assez humiliée et châtiée, cette ville! En quelles mains, sous quel joug a-t-il permis qu'elle tombât! Et les vils tyrans qui ont pu s'en rendre maîtres l'ont-ils assez déshonorée, souillée, ruinée!

« Mais ce qui ajoute ici à notre confusion et à notre épouvante, c'est le nombre de ceux qui ont pris part à ces horreurs, qui se sont trouvés là pour résoudre, organiser et accomplir ces crimes abominables, ces immenses holocaustes.

« C'est le nombre de ceux qui ont fait plus ou moins cause commune avec eux!

« Qu'il y ait sur la terre des scélérats, hélas! oui; mais tant de scélérats! tant d'hommes, de vieillards, de femmes, d'enfants enrôlés pour le meurtre et pour l'incendie!

Ah! on voit maintenant le travail de perversion profonde qui s'est fait pendant vingt années impunément, chez ce malheureux peuple.

Il y a là un mystère effroyable d'iniquité.

FÉLIX,
Evêque d'Orléans.

Extrait du Compte rendu de la séance de l'Assemblée
nationale du 2 juin 1871,

M. Jules Simon, *ministre de l'instruction publique*. Je demande la parole pour faire une communication à l'Assemblée.

M. le président. M. le ministre de l'instruction publique a
la parole.

M. le ministre de l'instruction publique. Messieurs les re-
présentants, l'insurrection de Paris a commencé par un assassinat et s'est terminée par un massacre.

Tout le monde ici, tout le monde en France, tout le monde
en Europe a présents à la pensée les détails de l'exécution des
otages.

Les corps ont été recueillis. On va procéder aux obsèques.
Le Gouvernement aura à vous proposer des mesures pour
que la piété publique se manifeste d'une façon solennelle, et
pour attester à la fois les regrets de la patrie et l'indignation
qui remplit tous les cœurs. (Très-bien! très-bien!)

J'espère être en mesure, dès demain, de vous faire, à ce
sujet, une communication officielle; mais, ayant reçu aujour-
d'hui une députation du chapitre de Notre-Dame de Paris, qui
m'a annoncé le jour et l'heure des obsèques de l'archevêque et
des autres otages, j'ai cru ne pas devoir différer de vous en
donner connaissance. (Très-bien! très-bien!)

La réunion pour la cérémonie aura lieu à dix heures un
quart, à l'archevêché, mercredi de la semaine prochaine.

Je n'ajoute rien, messieurs!... (Mouvement et sensation prolongée.)

Un membre à droite. Il faut une députation de l'Assemblée.

Voix nombreuses. Non! non! Tous! tous.

M. le président. On propose que le nombre des membres de
la députation soit de cinquante. (Oui! oui!)

M. le président. Il va être procédé au tirage.

Extrait du compte rendu de la séance du 3 juin 1871

M. LE PRÉSIDENT. La parole est à M. le ministre de l'instruction publique.

M. JULES SIMON, *ministre de l'instruction publique*. Messieurs, je viens vous présenter un projet de loi pour lequel je demanderai l'urgence, et, par conséquent, j'aurai l'honneur, avec votre permission, de vous lire l'exposé des motifs, qui n'a que quelques lignes. (Oui! oui! — Lisez! lisez!)

En même temps que les chefs de l'insurrection, pour grossir les rangs de leur armée, prenaient par force tous les citoyens en état de servir et ne leur laissaient d'autre alternative que de se cacher en courant les plus grands périls, ou de marcher dans leurs rangs, sous leur infâme drapeau, contre l'ordre, la liberté et la patrie, ils mettaient la main sans prétexte, sans ombre de jugement, sur les hommes les plus considérables et les plus respectables, en annonçant qu'ils les garderaient en otages jusqu'à la fin de la guerre civile.

Presque tous les prêtres de Paris furent arrêtés dans ces conditions, et à la tête des prêtres leur archevêque.

Plusieurs fois, par des proclamations, par des discours prononcés dans le sein de la Commune, il fut déclaré que, si les insurgés pris les armes à la main étaient jugés et exécutés à Versailles, les rebelles exerceraient leurs représailles dans ce troupeau d'innocents, non pas même suivant la loi du talion, qui ne leur suffisait plus, mais en assassinant trois victimes pour chaque criminel que la justice aurait frappé.

Nous refusions de croire à la réalisation de ces sauvages menaces; mais, ce que nul n'aurait osé imaginer, c'est qu'à l'heure suprême on massacrait les otages, sans autres motifs que la vengeance, la haine, l'amour du meurtre : sentiments bien dignes des barbares qui, en se retirant devant nos soldats, ont détruit tant de richesses nationales et tenté de brûler les musées et les bibliothèques, à leur éternelle honte et à notre éternelle douleur.

Les corps des chères et déplorables victimes ont été recueillis avec un soin pieux.

Quelques-uns portent encore la trace de l'acharnement inconcevable des bourreaux, ne présentent plus aucune forme humaine et n'ont pu même être reconnus.

Nous allons les rendre à la terre, au milieu du respect et des larmes universels.

L'Assemblée a décidé hier, par un vote unanime, qu'elle représenterait le pays à la tête du cortége funèbre. Nous lui proposons aujourd'hui de décréter que les obsèques auront lieu aux frais du trésor public. (Très-bien! très-bien!)

Voici le texte du projet de loi :

« Art. 1er. Les funérailles de Mgr Darboy, archevêque de Paris, et des otages assassinés avec lui, à Paris, seront faites aux frais du trésor public.

» Un crédit extraordinaire de 30,000 fr. est ouvert au budget de l'instruction publique et des cultes. »

Nous demandons l'urgence. (Très-bien! très-bien! — Appuyé!)

(L'urgence est mise aux voix et adoptée.)

------→›››✕‹‹‹←------

Extrait du Compte rendu de la séance de l'Assemblée nationale du 6 juin 1871

M. LE COMTE DE MELUN, *rapporteur*, dépose et, à la demande de l'Assemblée, lit le rapport sur le projet de loi relatif au funérailles de l'archevêque de Paris et des autres otages.

La commission, à l'unanimité, propose la résolution suivante :

« Art. 1er. Les funérailles de Mgr Darboy, archevêque de Paris, et des otages assassinés avec lui à Paris, seront faites aux frais de l'État.

« Art. 2. Une pierre commémorative, érigée dans l'église de Notre-Dame, reproduira les noms de tous les otages.

Art. 3. Il est ouvert, pour l'exécution de la présente loi, au ministère de l'instruction publique et des cultes, un crédit extraordinaire de 30,000 francs. » (Très-bien! très-bien! — Aux voix!)

M. LE PRÉSIDENT. l'Assemblée veut-elle voter immédiatement?

Voix nombreuses. Oui! oui!

M. LE PRÉSIDENT. Article premier.

M. DELORME. Je demande par amendement qu'au nom de l'archevêque de Paris on ajoute celui de M. le président Bonjean, qui occupait un rang si éminent dans la magistrature.

Plusieurs voix. Les noms de tous les otages seront sur la pierre commémorative.

M. LE RAPPORTEUR. L'article 2 indique en effet que tous les noms seront inscrits sur la pierre commémorative, et dans le rapport j'ai eu soin de désigner un des chefs de la magistrature, c'est-à-dire M. le président Bonjean.

L'article 1er est adopté.

M. LE PRÉSIDENT. Article 2...

Plusieurs voix. Il faut dire « les victimes » au lieu des « otages. »

M. DE VALON. Interprète des sentiments de plusieurs de mes collègues, je demande qu'au mot « otages » on substitue celui de « victimes. » L'histoire dira les massacres de mai, comme elle dit les massacres de septembre. (Très-bien!)

Un membre. Les victimes ont été qualifiées d'otages : c'est ainsi qu'elles doivent rester appelées désormais. (Oui! oui! — Aux voix!)

M. JULES SIMON, *ministre de l'instruction publique.* Quand on a employé le mot « otages, » on a pris une expression entrée dans le langage public de ces derniers temps ; on a voulu comprendre dans un hommage pieux toutes les victimes mortes pour la liberté et pour le droit. Je ne vois donc aucune difficulté à la substitution qui est proposée.

Une voix. Mettez les deux mots!

M. LE MINISTRE. Quant à la pierre commémorative, je fais rechercher en ce moment une pierre de marbre sur laquelle les noms seront inscrits avec toute la dignité nécessaire, sans grever le budget de nouvelles dépenses! Ces noms seront recueillis avec le plus grand soin, afin qu'il n'en soit omis aucun. Après l'archevêque de Paris seront inscrits M. le président Bonjean, Mgr Surat, M. l'abbé Deguerry, toutes les victimes, et leurs noms seront en outre insérés au *Journal officiel*, pour que l'hommage rendu soit connu même de ceux qui ne verront pas le monument. (Approbation.)

M. D'ABOVILLE. J'ai l'honneur de déposer l'amendement suivant à l'article 2 :

« Une inscription, relatant les noms et la mort des victimes, sera posée sur le mur extérieur de la prison de la Roquette, dans laquelle elles ont été immolées. » (Mouvements divers.)

M. LE PRÉSIDENT. L'amendement étant produit en cours de discussion, doit être soumis à l'Assemblée pour la prise en considération, il sera renvoyé à la commission. (Aux voix!)

L'amendement, mis aux voix, n'est pas pris en considération.

M. LE PRÉSIDENT. Insiste-t-on pour la substitution du mot « victimes » au mot « otages ? »

Voix nombreuses. Non! non!

L'article 2, tel que l'a formulé la commission, est mis aux voix et adopté.

L'article 3 est adopté.

L'ensemble du projet est ensuite adopté au scrutin, à l'unanimité de 547 votants.

RAPPORT adressé à M. le général Ladmirault, par le R. P. Escalle, aumônier militaire, chargé du service religieux du 1er corps.

Mon général,

Dans les journées de dimanche 28 et lundi 29 mai, je me suis occupé de retrouver les restes des otages mis à mort dans le courant de la semaine, et de leur faire donner une sépulture chrétienne. J'ai l'honneur de vous adresser à ce sujet le rapport que vous avez bien voulu me demander, ainsi que les détails que j'ai pu recueillir sur ces odieux assassinats.

Dès les premiers jours de notre entrée dans Paris, je fus informé qu'un certain nombre d'otages, parmi lesquels l'archevêque de Paris, avaient été transférés de la prison de Mazas dans celle de la Roquette. Prêtre et lié d'amitié avec plusieurs d'entre eux, je désirais me trouver avec les troupes qui opéraient dans cette direction. J'espérais me rendre utile si une démarche quelconque pouvait être faite encore pour la délivrance des prisonniers.

Le samedi 27, à midi, je quittai le premier corps et vint me mettre à la disposition du général Bruat, dont la division s'approchait en ce moment de la prison où les otages étaient détenus.

Ce n'est que le lendemain dimanche, à quatre heures du matin, que nos soldats s'emparèrent de la Roquette. En y entrant, nous acquîmes la douloureuse conviction que Mgr l'archevêque de Paris, M. le premier président Bonjean, M. l'abbé Deguerry et un grand nombre d'autres otages avaient été mis à mort.

Les premiers renseignements que me fournirent les gardiens et d'autres personnes faisant partie du personnel administratif de la prison, m'apprirent tout d'abord qu'il y avait eu trois massacres d'otages : un premier commis dans la prison elle-même, le mercredi 24 mai, vers huit heure et demie du soir; un autre à Belleville, le vendredi 26, à une heure que je ne pouvais encore déterminer; un troisième enfin, la veille même, samedi 27, à six heures du soir, sous les murs de la prison, dans l'espace ouvert qui sépare le dépôt des condamnés de la maison des jeunes détenus.

Ce sont les victimes de ce dernier assassinat que je retrouvai et que je fis exhumer les premières.

Tandis que nos troupes mettaient en liberté cent-soixante neuf otages et écrouaient nos propres prisonniers, quelques habitants du quartier, attirés par mon vêtement ecclésiastique, vinrent m'apprendre que plusieurs otages parmi lesquels devaient se trouver des prêtres, avaient été massacrés la veille au soir au moment où ils venaient de franchir la porte du dépôt des condamnés. Ils me désignaient en même temps, sur l'emplacement où bivouaquait une compagnie du génie, le lieu où s'était commis le crime.

Une fouille pratiquée aussitôt nous fit découvrir sous quelques centimètres à peine de terre fraîchement remuée, quatre cadavres. Malgré de graves mutilations et de nombreuses meurtrissures, je n'eus aucune peine à reconnaître le corps de M. Surat, protonotaire apostolique et premier vicaire général de l'archevêque de Paris. Un autre cadavre était celui de M. Bécourt, le curé de Bonne-Nouvelle; les deux autres étaient ceux d'un laïque qu'on a su depuis être employé de la Préfecture de la Seine, M. Charles Chaulieu, et d'une autre personne dont nous ne pûmes alors constater l'identité.

Je fis déposer ces corps dans une salle de la maison des jeunes détenus, et je pris les dispositions nécessaires pour que les familles intéressées fussent promptement averties.

Malheureusement ce n'étaient pas là les seules victimes des misérables qu'avaient à combattre nos soldats. Au dire des habitants du voisinage, les victimes que nous venons d'exhumer avaient été assassinées dans un certain tumulte. Six malheureux otages délivrés par la pitié des gardiens, et voulant fuir une mort qu'ils croyaient certaine, avaient franchi les portes de leur prison; mais mal déguisés, connaissant peu les lieux, deux seulement (1) étaient parvenus à sauver leur vie; les quatre autres, reconnus après avoir fait à peine quelques pas, étaient immédiatement tombés sous les balles, à la place même où nous venions de retrouver leurs corps. Les meurtres du 24 et du 26 avaient été commis plus froidement et dans des circonstances tellement révoltantes que les témoignages les plus irréfragables, ont pu seuls m'amener à y ajouter foi.

Parmi les prisonniers que nos soldats amenaient en grand nombre à la Roquette, il en était un que les gardiens se désignaient avec horreur; c'était un homme en blouse, de taille moyenne, maigre, nerveux, d'une physionomie dure et froide et qui paraissait âgé d'environ trente-cinq ans. D'après ce qu'on disait autour de lui, cet homme aurait commandé le peloton d'exécution des victimes du 24 et achevé de sa main l'archevêque de Paris. Interrogé minutieusement en ma présence, accablé par de nombreux témoignages, il fut en effet convaincu de ce crime, et sommairement passé par les armes.

(1) M. l'abbé Bayle, vicaire général, et M. l'abbé Petit, secrétaire général de l'archevêché.

Il s'appelait Virigg, commandait une compagnie dans le 186e bataillon de la garde nationale, et se disait né à Spickeren (Moselle).

Voici ce qui s'était passé :

Le mercredi 25, un détachement commandé par ce misérable s'était présenté au dépôt des condamnés, demandant six détenus, qui lui furent livrés ; je n'ai pu savoir ni sur quel ordre ni par qui. Ces six détenus furent appelés l'un après l'autre dans l'ordre des cellules qu'ils occupaient. C'étaient :

Cellule n° 1. M. le premier président, Bonjean.
— n° 4. M. l'abbé Deguerry.
— n° 6. Le Père Clerc, de la Compagnie de Jésus, ancien lieutenant de vaisseau.
— n° 7. Le R. P. Ducoudray, aussi de la Compagnie de Jésus, supérieur de la maison de Sainte-Geneviève.
— n° 12. M. l'abbé Allard, un prêtre dévoué du clergé de Paris, dont tout le monde avait admiré le courage et le zèle au service des ambulances.
— n° 23. Monseigneur l'archevêque de Paris.

Les victimes quittant leurs cellules, descendirent une à une et se rencontrèrent au bas de l'escalier ; elles s'embrassèrent et s'entretinrent un instant, parmi les injures les plus grossières et les plus révoltantes (1). Deux témoins occulaires me disent qu'au moment où ils ont vu passer le cortége, M. Allard marchait en avant, les mains jointes, dans une attitude de prières ; puis Mgr Darboy, donnant le bras à M. Bonjean, et derrière, le vieillard vénéré que nous connaissons tous, M. Deguerry, soutenu par le Père Ducoudray et le Père Clerc.

Les fédérés, l'arme chargée, accompagnaient en désordre. Parmi eux se trouvaient deux vengeurs de la République ; cà et là des gardiens tenant des falots, car la soirée était fort

_____

(1) Les épithètes de *canaille*, de *crapule*, étaient celles qui revenaient le plus souvent sur les lèvres de ces misérables et dont ils poursuivirent jusqu'à la fin les illustres victimes. — L'un des assassins fut lui-même révolté par ces outrages, et dit brusquement qu'il n'était pas là pour eng..... les prêtres, mais pour les fusiller. — Le Père Ducoudray aurait ouvert sa soutane sur sa poitrine pour se communier, car plusieurs prêtres avaient sur eux la sainte Eucharistie. Ces détails me paraissent certains.

avancée; on marchait entre de hautes murailles, et le ciel assombri encore par la fumée des incendies qui brûlaient dans Paris. Le cortége arriva ainsi dans le second chemin extérieur de ronde, sur le lieu choisi pour l'exécution.

On rapporte ici diversement les paroles qu'aurait prononcées Mgr Darboy. Les témoignages sont unanimes à le représenter, disant à ces misérables qu'ils allaient commettre un odieux assassinat, — qu'il avait toujours voulu la paix et la conciliation; — qu'il avait écrit à Versailles, mais qu'on ne lui avait pas répondu, — qu'il n'avait jamais été contraire à la vraie liberté, — que, du reste, il était résigné à mourir, s'en remettant à la volonté de Dieu et pardonnant à ses meurtriers.

Ces paroles étaient à peine dites que le peloton fit indistinctement feu sur les victimes placées le long du mur d'enceinte. Ce fut un feu très-irrégulier, qui n'abattit pas tous les otages. Ceux qui n'étaient pas tombés essuyèrent une seconde décharge après laquelle monseigneur de Paris fut encore aperçu debout, les mains élevées. C'est alors que le misérable qui présidait à ces assassinats s'approcha et tira à bout portant sur l'archevêque. La vénérable victime s'affaissa sur elle-même. Il était huit heures vingt minutes du soir.

Les corps des six otages arrivèrent vers trois heures du matin au cimetière du Père-Lachaise, et furent enfouis pêle-mêle, sans suaires et sans cercueils, à l'extrémité d'une tranchée ouverte tout à fait à l'angle sud-est du cimetière.

C'est là que je me rendis dimanche vers trois heures du matin. Nos soldats venaient d'occuper le cimetière; nous entendions non loin de nous la fusillade des troupes du 1er corps s'emparant des hauteurs de Belleville. Je ne pensais pas qu'il fallût surseoir un seul instant à l'exhumation des restes mortels qui étaient là depuis près de quatre jours. Le général Bruat fut de mon avis. Aidé d'un petit nombre de personnes de bonne volonté (1), je pratiquai les fouilles nécessaires; nous retrouvâmes les corps sous un mètre cinquante de terre dé-

(1) M. l'abbé Thévenot, jeune séminariste plein de dévouement et de bravoure, qui accompagnait comme infirmier la division Bruat, M. l'abbé Lacroix, vicaire à Billancourt, qui demanda à se joindre à nous quand nous commencions les fouilles, et quelques soldats de l'infanterie de marine.

trempée par les pluies des jours précédents, et je les mis dans les cercueils que j'avais pu me procurer.

Le corps de Monseigneur était revêtu d'une soutane violette toute lacérée; il était dépouillé de ses insignes ordinaires; ni croix pastorale, ni anneau épiscopal, son chapeau avait été jeté à côté de lui dans la terre; le gland d'or avait disparu. La tête avait été épargnée par les balles; plusieurs phalanges des doigts étaient brisées.

Les corps de M. Bonjean, du Père Ducoudray et des autres victimes portaient des traces de traitements odieux; le premier avait les jambes brisées en plusieurs endroits; le second avait la partie droite du crâne absolument broyée.

Je fis transporter rue de Sèvres, 35, les corps du père Ducoudray et du père Clerc; on déposa dans la chapelle du cimetière ceux de M. Bonjean et de l'abbé Allard; enfin, j'accompagnai moi-même à l'archevêché, sous l'escorte d'une compagnie d'infanterie de marine, ceux de l'abbé Deguerry et de Mgr Darboy.

Ce n'est que le lendemain lundi, 29 mai, que je pus me mettre à la recherche des victimes du 26.

Des renseignements recueillis la veille à la Roquette m'avaient appris que dans la soirée du jeudi 25 mai (1), quatorze ecclésiastiques et trente-six gardes de Paris avaient été extraits de cette prison et conduits à Belleville, où des bandes de fédérés les auraient fusillés en masse le lendemain. On savait vaguement que l'assassinat avait eu lieu quelque part sur le plateau de Saint-Fargeau.

Quand j'arrivai le lundi matin à Belleville, nos troupes procédaient au désarmement de ce quartier encore très-agité. Nos propres soldats ne pouvaient me donner aucune information; et ce n'est qu'à grand'peine que les habitants, encore pleins de défiance et de colère, consentaient à parler. Je ne tardai pas

___

(1) Les dépositions orales des gardiens de la Roquette me donnaient toutes cette date du jeudi 25. Elle est maintenue dans une lettre écrite par l'un d'eux et citée dans le *Figaro* du 2 juin. Les otages délivrés parlent au contraire du 26. J'ai sous les yeux le journal de l'un d'eux, d'après lequel il se serait encore entretenu avec différentes victimes dans la matinée du vendredi. Il ne paraît pas d'ailleurs que les victimes soient sorties de la Roquette en deux groupes séparés. Je ne sais, pour le moment, comment concilier ces deux versions différentes de ce qui paraît être un même fait.

cependant à acquérir la conviction que le massacre avait eu lieu rue Haxo, dans un emplacement appelé la cité Vincennes.

Je demandai au colonel de Valette, commandant les volontaires de la Seine, quelques officiers de bonne volonté, et nous nous rendîmes sur le théâtre de ce nouvel attentat. MM. Lorras, chef du contentieux de la compagnie d'Orléans, et le docteur Colombel, tous deux comptant de leurs parents au nombre des victimes, s'étaient joints à nous.

L'entrée de la cité Vincennes est au nº 83 de la rue Haxo ; on y pénètre en traversant un petit jardin potager : vient ensuite une grande cour précédant un corps de logis de peu d'apparence, dans lequel les insurgés avaient établi un quartier général.

Au delà et à gauche se trouve un second enclos qu'on aménageait pour recevoir une salle de bal champêtre quand la guerre éclata. A quelques mètres en avant d'un des murs de clôture règne, en effet, jusqu'à hauteur d'appui, un soubassement destiné à recevoir les treillis qui devaient former la salle de bal. L'espace compris entre ce soubassement et le mur de clôture forme comme une large tranchée de dix à quinze mètres de longueur. Un soupirail carré, donnant sur une cave, s'ouvre au milieu.

C'est le local que ces misérables avaient choisi pour l'assassinat ; c'est là que je retrouvai les corps des victimes et que je recueillis, en contrôlant les uns par les autres plusieurs témoignages, les renseignements suivants sur le crime du 26.

Je ne pus savoir exactement dans quel lieu les prisonniers, en les supposant sortis le 25 de la Roquette, auraient passé la nuit suivante et une partie de la journée du 26. Quoiqu'il en soit, ce jour-là, entre cinq et six heures du soir, les habitants de la rue de Paris les voyaient défiler au nombre de cinquante. Ils étaient précédés de tambours et de clairons marquant bruyamment une marche, et entourés de gardes nationaux.

Ces fédérés appartenaient à divers bataillons : les plus nombreux faisaient partie d'un bataillon du IXᵉ arrondissement et d'un bataillon du Vᵉ. On remarquait surtout un grand nombre de bandits appartenant à ce qu'on nommait les Enfants-Perdus de Bergeret, troupe sinistre parmi ces hommes sinistres. C'est elle qui, selon tous les témoignages, a pris la part la plus active à tout ce qui va se passer.

Ainsi accompagnés, les otages montaient la rue de Paris parmi les huées et les injures de la foule. Quelques malheureuses femmes semblaient en proie à une exaltation extraordinaire, et se faisaient remarquer par des insultes plus furieuses et plus acharnées. Un groupe de gardes de Paris marchaient en tête des otages, puis venaient les prêtres, puis un second groupe de gardes. Arrivé au sommet de la rue de Paris, ce triste cortége sembla hésiter un instant, puis tourna à droite, et pénétra dans la rue Haxo (1).

Cette rue, surtout les terrains vagues qui sont aux abords de la cité Vincennes, était remplie d'une grande foule manifestant les plus violentes et les plus haineuses passions. Les otages la traversaient avec calme; quelques-uns des prêtres, le visage meurtri et sanglant. Victimes et assassins pénétrèrent dans l'enclos.

Un cavalier qui suivait fit caracoler un instant son cheval aux applaudissements de la foule, et entra à son tour en s'écriant : Voilà une bonne capture, fusillez-les.

Avec lui, et lui serrant la main, entra un homme jeune encore, pâle, blond, élégamment vêtu. Ce misérable, qui paraissait être d'une éducation supérieure à ce qui l'entourait, exerçait une certaine autorité sur la foule. Comme le cavalier, il suivait les otages, et comme lui il excitait la foule en s'écriant : Oui, mes amis, courage, fusillez-les. »

L'enclos était déjà occupé par les états-majors des diverses légions. Les cinquante otages et les bandits qui leur faisaient cortége, achevèrent de le remplir. Très-peu de personnes faisant partie de la multitude massée aux alentours purent pénétrer à l'intérieur. En tout cas, aucun témoin ne veut m'avouer avoir vu ce qui s'est passé dans l'enclos.

Pendant sept à huit minutes, on entendit du dehors des dé-

(1) On parle d'un prêtre de taille moyenne, pâle, amaigri, d'allure ferme et décidée, très-probablement le père Olivain, supérieur des Jésuites de la rue de Sèvres, qui aurait été placé seul en tête de trois groupes d'otages. — On dit aussi qu'arrivés à la hauteur de la barricade qui fermait la rue de Paris, à son intersection avec la rue Haxo, on aurait fait ranger les otages sur deux files pour les assassiner en masse par les feux d'une mitrailleuse qui enfilait la rue de Paris. — Ces détails ne m'étant affirmés que par des témoins indirects, je n'ose ni les rejeter, ni leur donner place dans le corps de ce rapport.

tonations sourdes, mêlées d'imprécations et de cris tumultueux. Il paraît certain que les victimes, une fois parquées dans la tranchée dont j'ai parlé plus haut, furent assassinées en masse à coup de revolvers par tous les misérables qui se trouvaient sur les lieux. On n'entendit que très-peu de coups de chassepots dans l'enclos.

Il y eut, à la fin, quelques détonations isolées, puis quelques instants de silence.

Un homme en blouse et en chapeau gris, portant un fusil en bandoulière, sortit alors du jardin. A sa vue, la foule applaudit avec transport. De jeunes femmes vinrent lui serrer la main et lui frapper amicalement sur l'épaule : Bravo, bien travaillé, mon ami !

Les corps des cinquante victimes furent jetés dans la cave, les prêtres d'abord, puis les gardes de Paris.

C'est de là qu'avec beaucoup de peine, et en prenant toutes les précautions qu'exigeait la salubrité publique, nous avons retiré tous les cadavres. Malgré l'état de putréfaction avancée dans lequel nous les avons trouvés, il nous a été possible de reconnaître la plupart des prêtres. Quelques pauvres femmes de gardes de Paris, arrivées dans la soirée, reconnurent leurs maris.

Nous ramenâmes le même soir à Paris les corps du père Olivain, du père de Bengy, du père Caubert, tous trois jésuites de la rue de Sèvres, de M. l'abbé Planchat, directeur d'une maison d'orphelins à Charonne, de M. Seigneraye, jeune séminariste de Saint-Sulpice.

Les autres corps ont été mis dans des cercueils et inhumés chrétiennement, soit par des membres de leurs familles, soit par les soins du clergé de Belleville.

En terminant, mon général, permettez-moi d'exprimer ma très-vive reconnaissance pour le concours ému et pieux que m'ont offert tous les officiers et soldats avec lesquels ces tristes circonstances m'ont mis en relation; je me permets aussi d'appeler votre attention sur le dévouement exceptionnel dont ont fait preuve les militaires dont je joints les noms à ce rapport.

Veuillez, mon général, agréer l'hommage de mon profond respect.

Votre très-humble et très-obéissant serviteur,

A. ESCALLE,
aumônier chargé du service militaire
du 1er corps.

Paris, 2 juin 1871.

Nous terminons cette série de documents officiels par le bref et cynique procès-verbal trouvé à la Mairie du XIᵉ arrondissement, devenue en dernier lieu le refuge de la Commune, du comité de salut public et le quartier général de l'insurrection.

Cette pièce est ainsi conçue :

COMITÉ DE SURETÉ GÉNÉRALE

Aujourd'hui, 24 mai 1871, à huit heures du soir, les nommés DARBOY (Georges), BONJEAN (Louis-Bernard), DUCOUDRAY (Léon), ALLARD (Michel), CLÈRE (Alexis) et DEGUERRY (Gaspard), ont été EXÉCUTÉS à la prison de la Grande-Roquette.

COMMUNE DE PARIS — SURETÉ GÉNÉRALE — POLICE MUNICIPALE

CABINET
DU
CHEF

BIOGRAPHIE

DE

MONSEIGNEUR DARBOY

ARCHEVÊQUE DE PARIS

S. G. MONSEIGNEUR DARBOY

Archevêque de Paris

MONSEIGNEUR DARBOY

Archevêque de Paris

———— ⁓⊰⊱⁓ ————

GEORGES DARBOY, archevêque de Paris, naquit le 16 janvier 1813 à Fayl-Billot, département de la Haute-Marne; son père PIERRE-GEORGES DARBOY et sa mère MARIE-JEANNE, née VALDIN, lui inspirèrent de bonne heure l'amour de la vertu et des sentiments chrétiens.

Élevé au séminaire de Langres le jeune Darboy y fit toutes ses études et se distingua par de brillants succès.

Ordonné prêtre à 24 ans, il fut nommé vicaire à Saint-Dizier, près Vassy.

En 1840, Monseigneur PARISIS appela l'abbé DARBOY au grand Séminaire de Langres en qualité de professeur de philosophie; l'année suivante il lui confia la chaire d'Écriture sainte et quelque temps après la chaire de théologie dogmatique.

En 1846, le savant professeur du grand Séminaire de Langres, après avoir publié une traduction des œuvres de *Saint-Denis, l'aréopagite* vient à Paris et fut nommé par Monseigneur AFFRE, l'un de ses glorieux prédécesseurs, aumônier au Collége Henri IV et chanoine honoraire de Notre-Dame.

Monseigneur SIBOUR le chargea de diriger *le Monde catholique*, et le nomma en outre vicaire général honoraire, avec mission de surveiller l'enseignement religieux dans les établissements scolaires du diocèse.

En 1854 M. l'abbé DARBOY accompagnait Monseigneur SIBOUR à Rome et reçut à cette occasion de N. S. P. le Pape le titre de Protonotaire apostolique.

Il avait soutenu contre l'abbé COMBALOT une vive polémique pour la défense de Monseigneur SIBOUR dans la question dite des *classiques* et de la *presse religieuse*.

Nommé vicaire capitulaire après le forfait de JEAN VERGER, il fût confirmé dans les fonctions de vicaire général par le successeur de Monseigneur SIBOUR, son Éminence le cardinal MORLOT.

Sur la demande de l'Empereur lui-même l'abbé DARBOY fût chargé de prêcher la station du Carême de 1859 aux Tuileries.

Le 26 septembre de la même année il était nommé évêque de Nancy.

S. Em. le cardinal Morlot avait su apprécier les hautes qualités de son ancien vicaire général, devenu son collègue dans l'Episcopat. A son lit de mort, il le désigna au Gouvernement pour lui succéder.

Un décret du 10 janvier 1863 appela Monseigneur Darboy au siége archiépiscopal de Paris. — Préconisé dans le consistoire du 16 mars, il fut installé le 21 avril de la même année.

Un peu plus tard il était nommé Grand Aumônier de France, Grand Primicier du chapitre de Saint-Denis, et enfin élevé à la dignité de sénateur.

Il devint membre du Conseil supérieur de l'instruction publique et grand officier de la Légion d'honneur.

Elevé à la dignité de sénateur son rôle au Sénat fut des plus modérés. — Il prit part aux travaux du Concile de Rome avec l'autorité qui s'attachait à sa haute position.

Monseigneur DARBOY s'était déjà rendu une première fois à Rome en 1867, sur l'invitation spéciale du Souverain Pontife, pour prendre part aux fêtes solennelles du dix-huitième centenaire du martyre de Saint-Pierre; à cette occasion il avait été nommé assistant au Trône pontifical.

Le Gouvernement français avait demandé plusieurs fois au Saint-Siége le chapeau de cardinal pour le grand aumônier de France.

Monseigneur Darboy a publié plusieurs mandements très-remarquables.

Nous citerons son chaleureux appel à ses diocésiens de Nancy et de Toul en faveur des chrétiens de Syrie menacés par les druses en 1860, son mandement sur les *fins dernières* publié en 1862; sa circulaire en faveur des ouvriers Rouennais, sans travail et sans pain, publiée le 16 juin 1863, sa lettre pastorale du 19 avril de la même année à l'occasion de son arrivée à Paris, cette lettre débutait ainsi : « *Nous venons à vous, nos très-chers frères, avec l'amour du travail sur la foi de la Providence..* . . . .

. . . . *Ce qui nous a valu l'honneur d'être nommé votre Archevêque, nous ne le savons pas : peut-être les intentions et les actes du vénéré cardinal MORLOT y sont-ils pour quelque chose.* »

En 1864, il publiait une lettre pastorale sur la divinité de Jésus-Christ en réponse au livre impie de Renan.

Le 25 mai suivant il en publiait une autre relative à la consécration de Notre–Dame de Paris.

Il publiait pour le Carême de 1866, un mandement sur le devoir.

En 1867, il publiait une instruction sur le funeste effet des mauvaises doctrines.

En 1868, il publiait une lettre pastorale sur la vérité de la Religion et en 1869 une autre sur l'excellence de la Doctrine chrétienne.

En 1870 son Mandement de l'Avent avait pour objet les *affaires présentes.*

Mgr Georges DARBOY a fait preuve dans tous ses écrits d'un talent d'écrivain distingué.

Plusieurs membres de l'Académie Française avaient songé à l'appeler au sein de l'illustre Compagnie.

Voici la liste complète de ses ouvrages dans l'ordre de leurs publications :

OEuvres de saint Denis l'aréopagite, traduites du Grec. — Paris, 1844.

Les Femmes de la Bible. — Paris, 1849-1851-1852-1854 et 1855.

De la Liberté et de l'Avenir de la République Française. — Paris, 1850.

Le Christ, les Apôtres et les Prophètes. — Paris, 1850.

L'Imitation de Jésus-Christ, traduction nouvelle, 1852.

Jérusalem et la Terre sainte. — Paris, 1852.

Statistique religieuse du Diocèse de Paris. — 1856.

Histoire de saint Thomas Becker. — 1858.

Mgr DARBOY avait fourni en outre de nombreux articles à divers journaux catholiques.

Il avait pour devise : *labore fideque*, avec des armoiries d'*azur à une croix d'argent*.

L'illustre martyr aurait pu échapper à la persécution. Un jeune vicaire qui avait donné asile chez lui à l'ancien directeur de la prison Sainte-Pélagie avait été prévenu par un des amis de ce fonctionnaire qu'un mandat était lancé contre l'Archevêque.

L'ecclésiastique accourut en tremblant auprès de Monseigneur pour l'avertir du danger et le supplier de songer à sa sécurité. « Non, mon enfant, répondit le premier pasteur de l'Eglise; mon devoir est de rester à mon poste et de veiller, comme dit le divin Maître, sur les brebis et les agneaux confiés à ma garde.

— Mais, répliqua le prêtre, est-ce que l'apôtre saint Paul n'a pas donné l'exemple qu'on pouvait par la fuite échapper des mains de ceux qui veulent nous perdre ? »

Monseigneur Darboy demeura inébranlable, et lorsqu'on voulut avertir sa sœur pour qu'elle joignît ses prières à celles du jeune abbé, il opposa un refus encore plus prononcé, en s'écriant : « *Que la volonté de Dieu soit faite !* »

L'ordre d'arrestation contre Monseigneur de Paris fut exécuté le 4 avril. — Transféré immédiatement à la Préfecture de police, Raoul Rigault se donna l'infâme plaisir d'outrager par ses menaces la noble victime. Le courage de l'Archevêque fut admirable; il parla avec douceur de pardon et de conciliation.

Écroué tout d'abord au dépôt de la Préfecture, dans le bâtiment occupé par les femmes, l'Archevêque fut transféré bientôt après à Mazas en voiture cellulaire, avec le président Bonjean. L'honorable magistrat voulut marquer sa déférence envers ce vénérable prélat en lui cédant le pas pour monter en voiture et en prononçant ces paroles : « *La Religion d'abord, la Justice ensuite.* »

Le séjour de l'Archevêque dans la maison d'arrêt cellulaire se prolongea jusqu'au 22 mai.

Les Ferré, les Lefrançais, les Protot et les Rigault, les Vallès, les Vermorel, se réunirent ce jour-là en conciliabule, et la mort des otages fut décidée sur un ordre du directeur de la sûreté générale.

La voiture des grands criminels reçut encore une fois le digne Archevêque pour le conduire à la Roquette, où devait s'accomplir l'horrible drame.

L'intervention du ministre américain était restée infructueuse ; divers pasteurs protestants avaien adressé des réclamations contre la captivité de l'archevêque, elles demeurèrent également sans effet.

Le bâtonnier de l'ordre des avocats n'avait pas été plus heureux auprès du *soi-disant* ministre de la justice de la commune.

Le digne prélat fut écroué à la Roquette, cellule n° 23. Le mercredi 24, vers six heures du soir, un détachement d'une quarantaine d'hommes appartenant aux Vengeurs de la République, avec capitaine, lieutenant et sous-lieutenant, un commissaire de police et deux délégués civils, à ceinture rouge, arrivent à la Roquette.

Les délégués entrent au greffe et demandent au citoyen directeur la liste des prêtres-otages. Ils sont chargés, disent-ils, de les fusiller.

Le directeur refuse d'abord : il ne veut leur livrer aucun des prisonniers et déclare qu'il ne consentira pas à un tel massacre dans sa maison: d'ailleurs les ordres ne sont ni formels ni nominatifs.

Après d'assez longs débats, il consent à leur

livrer les six victimes particulièrement signalées sur la liste de transfèrement du 22.

Les délégués prennent la liste, et, suivis de la bande des assassins qui les attendaient avec impatience, montent dans le corridor de la 4ᵉ section, premier étage, où se trouvaient les victimes désignées et presque tous les otages.

Le moment était solennel, et chacun, s'attendant à entendre appeler son nom, se préparait à la mort et faisait à Dieu le sacrifice de sa vie.

Les six détenus sont appelés l'un après l'autre, dans l'ordre des cellules qu'ils occupent.

Au fur et à mesure qu'on les appelle, le brigadier de la prison, le nommé Ramain, ouvre les cellules et les fait sortir.

Les victimes se rencontrent au bas de l'escalier ; elles s'embrassent et s'entretiennent un instant parmi les injures les plus grossières et les plus révoltantes. Les épithètes de *canaille*, de *crapule*, retentissent à chaque instant à leurs oreilles.

La clef de la porte du chemin de ronde où l'on doit conduire les victimes ne se retrouvant pas assez vite, on brise la porte, et le piquet sort, se dirigeant sur la gauche, au fond d'une impasse fermée par le jardin du directeur.

A ce moment, le P. Ducoudray, qui, comme plusieurs des prêtres ses codétenus, avait conservé sur lui la sainte Eucharistie, ouvre sa soutane sur la poitrine et se communie.

L'abbé Allard marche le premier, les mains jointes et dans une attitude de prières; puis Monseigneur Darboy, donnant le bras à M. Bonjean, et, derrière, le vieillard vénéré si connu de tout Paris, M. Deguerry, soutenu par le P. Ducoudray et le P. Clerc.

Le premier récit de l'exécution de Monseigneur Darboy a été adressé aux journaux par M. Évrard, garde national réfractaire; il était conçu en ces termes :

« Monseigneur Darboy occupait la cellule n° 21 de la 4e division, et je me trouvais à quelque distance de lui, dans la cellule n° 26. La cellule occupée par le respectable prélat était autrefois le cabinet d'un surveillant. Ses compagnons de captivité étaient parvenus à lui procurer une table et une chaise. La cellule était elle-même plus vaste que les autres.

« Le mercredi 24 mai, à sept heures et demie du soir, le directeur de la prison, ayant séjourné six années au bagne, monta dans la prison à la tête de cinquante fédérés, parmi lesquels se trouvait un pompier, et occupa la galerie dans laquelle étaient enfermés les prisonniers principaux. Ces fédérés se rangèrent dans la galerie qui conduit au chemin de ronde du nord, et, peu d'instants après, un brigadier de surveillants alla ouvrir la cellule de l'Archevêque et l'appela à voix basse. Le prélat répondit : *Présent !*

« Puis il passa à la cellule de M. le président Bonjean; puis ce fut le tour du *R.P. Allard, jésuite, aumônier des ambulances* (1); du P. Du Coudray, supérieur de l'école Ste-Geneviève, et du P. Clerc, de la Compagnie de Jésus; enfin, le dernier appelé fut M. l'abbé Deguerry, le curé de l'église de la Madeleine. A peine leur nom était-il prononcé, que chacun des prisonniers était amené dans la galerie et descendait dans l'escalier conduisant au chemin de ronde; sur les deux côtés, autant qu'il me fut permis de le juger, se tenaient les gardes fédérés, insultant les prisonniers et leur lançant des épithètes que je ne puis reproduire.

(1.) La ligne en lettres italiques indique une rectification.

« Mes infortunés compagnons furent ainsi accompagnés par les huées de ces misérables jusqu'à la cour qui précède l'infirmerie ; là il y avait un peloton d'exécution. Monseigneur Darboy s'avança, et s'adressant à ses assassins, il prononça quelques paroles de pardon ; deux de ces hommes s'approchèrent du prélat, et, devant leurs camarades, s'agenouillèrent et implorèrent son pardon ; les autres fédérés se précipitèrent vers eux et les repoussèrent en les insultant ; puis, se retournant vers les prisonniers, ils leur adressèrent de nouvelles injures. Le commandant du détachement en fut outré : il fallait donc que ce fût bien exagéré. Il imposa silence à ces hommes, et après avoir lancé un épouvantable juron : — Vous êtes ici, dit-il, pour fusiller ces gens-là, et non pas pour les eng....... Les fédérés se turent, et sur le commandement de leur lieutenant, ils chargèrent leurs armes.

« Le P. Allard fut placé contre le mur et fut le premier frappé ; puis Monseigneur Darboy tomba à son tour. Les six prisonniers furent ainsi fusillés, et montrèrent tous le plus grand calme et le plus grand courage. M. Deguerry seul eut un moment de faiblesse, passager, il est vrai, et qu'il fallait attribuer à son état de santé plutôt qu'à la frayeur.

« Après cette tragique exécution, faite sans qu'il fût rédigé de procès-verbal, et en présence seulement de quelques bandits, les corps des malheureuses victimes furent placés tout habillés dans une voiture de la Compagnie de Lyon, réquisitionnée à cet effet, et conduits au Père-Lachaise, où ils furent déposés dans la dernière tranchée de la fosse commune, à côté les uns des autres, sans même qu'on prît soin de les couvrir de terre. »

Le *Journal officiel de la République française* a publié également, au sujet de la mort de Mgr. l'archevêque de Paris, les lignes suivantes :

«Le Prélat, lâchement injurié par les misérables qui allaient le frapper, est mort comme un héros chrétien, et on lui a entendu prononcer ces nobles paroles : « *Ne profanez pas le mot Liberté, c'est à nous seuls qu'il appartient, car nous mourons pour la Liberté et pour la Foi.* »

« Le martyr disait vrai : lui et ses compagnons d'infortune ont péri assassinés par le plus hideux des despotismes ; ils ont déjà reçu, dans une meilleure vie, la récompense de leur sacrifice. Mais ils laissent à ceux qui leur survivent le devoir de les venger par la punition exemplaire du forfait qui va

épouvanter le monde, en même temps que d'extir-
per jusqu'aux semences de la servitude morale qui,
en abaissant les âmes, les rend, un jour d'aberration, capables de se souiller par des atrocités sans
nom. »

Quatre jours après, c'est-à-dire le lundi 29,
lorsque l'insurrection était écrasée par l'armée de
la France, comme l'a si bien dit son illustre
chef le duc de Magenta, M. le docteur Désormeaux,
avec le concours de MM. les docteurs Durand et
Hallé, de M. Cassan, pharmacien, et de M. Désormeaux, étudiant en médecine, procédait à l'embaumement du corps de l'Archevêque, qui avait
été transporté à l'Archevêché.

L'opération était difficile.

En effet, les projectiles avaient sans doute ouvert quelques gros vaisseaux, le cœur peut-être. On
a dû multiplier sur plusieurs des principaux
troncs artériels les opérations destinées à assurer
une pénétration suffisante et efficace du liquide
conservateur.

Le visage avait disparu à moitié sous une cou-
che de terre. Il a fallu le débarrasser avec précau-
tion de cette boue sanglante, pour retrouver, non
sans peine, les traits et l'expression du saint pré-

lat. La barbe, que Monseigneur avait laissée croître depuis deux mois, contribuait encore à le rendre méconnaissable.

Les vêtements qu'il porta't au moment de sa mort, et qu'on lui avait laissés dans cette inhumation incomplète et précipitée, étaient souillés, sanglants.

D'après les constatations médicales, trois coups de feu ont frappé l'Archevêque de Paris : deux dans la région de la poitrine, à droite ; un troisième un peu plus bas, à gauche. Deux des plaies ont été faites par des balles de chassepot ; l'autre a paru avoir été faite par la balle d'un fusil à tabatière.

Le pouce et l'index de la main droite ont été broyés, à moitié enlevés. Il semble que le vénérable prélat, au moment de recevoir le coup mortel, ait porté la main droite en avant, dans l'attitude du martyr bénissant ses bourreaux.

Cela s'accorde d'ailleurs avec le témoignage d'un de ses compagnons de captivité, qui a entendu et distingué sa voix jusqu'au dernier moment.

La blessure de la main s'expliquerait ainsi, et aurait été produite par un des projectiles qui ont frappé la poitrine.

La face avait subi un gonflement notable dû à un commencement d'emphysème. De larges plaques d'un rouge brun, indiquant un certain degré d'altération cadavérique, avaient envahi le front et les tempes. Le liquide de l'embaumement les a promptement fait disparaître.

A partir du jeudi 1er juin, le corps de Monseigneur Darboy et celui de Monseigneur Surat, son premier vicaire général, ont été exposés pendant huit jours, suivant l'usage, à l'hôtel de l'Archevêché. Une foule immense a visité chaque jour la dépouille mortelle des vénérables prélats.

Une draperie noire à franges d'argent, surmontée d'un écusson, ornait la porte principale de l'Archevêché.

Après avoir traversé trois salles décorées de la même manière, nous avons pénétré dans une chapelle ardente disposée dans le grand salon du jardin; c'est là qu'étaient exposés les corps des deux victimes.

Monseigneur Darboy, revêtu de ses habits pontificaux, la mitre en tête, avec ornements blancs brodés en or, bas de soie et souliers blancs, était étendu sur un lit de repos surmonté d'un dais.

Son visage découvert portait les traces des souffrances qu'il a endurées pendant les deux mois de sa captivité.

Il était d'un blanc gris, maigre, méconnaissable, avec une longue barbe grise.

Deux prêtres et les sœurs de l'Espérance priaient dans une salle auprès des corps des saints martyrs.

L'époque des funérailles avait été fixée au mercredi 7 juin.

Il n'est pas sans intérêt de rappeler, à propos de la mort de Monseigneur Darboy, quel a été le sort des archevêques qui se sont succédé depuis la Révolution de 89 au palais archiépiscopal de Paris :

En 1793, Monseigneur de Juigné émigra pendant neuf années pour échapper à l'échafaud.

En 1815, le Cardinal Maury dut se réfugier à Rome.

En 1830, Monseigneur de Quélen fut traqué par la démagogie, le palais archiépiscopal mis à sac, puis complétement détruit. La persécution clandestine contre le prélat dura plusieurs années.

Son successeur, Monseigneur Affre, tomba sur la barricade du faubourg Saint-Antoine, le 24 juin 1848.

Monseigneur Sibour, qui lui succéda, fut assassiné par Verger en 1857.

Une voix éloquente dira le 18 juillet, sous les
voûtes saintes de Notre-Dame, les vertus et les
mérites de Sa Grandeur Monseigneur Darboy.

L'auteur de cette courte Notice a voulu seulement rendre un pieux hommage de reconnaissance à la mémoire de Celui qui lui facilita, il y a
un an à Rome, une audience particulière de l'im-
mortel Pie IX. « Je bénis votre courage et votre
foi, daignait me dire à cette époque Monseigneur
de Paris, en présence de son secrétaire le chanoine
de Cuttoli, nommé alors à l'évêché d'Ajaccio. Vous
avez essayé de défendre dans les réunions popu-
laires (b) les saines doctrines et la religion catholique. Mais ne vous êtes-vous pas exposé à des
dangers? — Je ne crains rien, Monseigneur, ré-
pondis-je, puisque l'Empereur *répond de l'ordre.*
— Cependant la prudence exige peut-être plus
de réserve. »

Hélas! je ne prévoyais pas alors que quelques
mois après l'ordre social se trouverait presque
anéanti, et que j'aurais l'honneur de partager la
captivité du chef de l'Église de Paris!

(b) Voir les notes justificatives.

La fin tragique de Monseigneur Darboy a excité partout d'universels regrets : la lettre suivante, adressée aux membres du chapitre métropolitain, en est un témoignage éclatant et nous sommes heureux de l'enregistrer.

« Messieurs,

« La présence des ministres de notre culte aux obsèques du vénérable archevêque de Paris vous disait déjà, en face de l'odieux attentat et des saintes victimes, notre profonde indignation et notre douloureuse sympathie.

« Permettez-nous, messieurs, d'y joindre encore le témoignage écrit de la part que nous prenons à la cruelle épreuve que l'église de Paris vient de traverser, et de déposer auprès de son chapitre métropolitain l'expression de notre religieuse condoléance.

« Nous nous associons de cœur et d'âme à votre douleur et à vos regrets, et nos sentiments se confondent avec les vôtres pour flétrir ces lâches assassinats qui ont affligé tous les cœurs honnêtes et épouvanté le monde.

« Faisons des vœux ensemble pour que tout ce sang innocent, versé par de si coupables mains, puisse devenir la rançon de notre infortunée patrie et la semence d'où sortira notre régénération morale. Ce serait pour nous tous une grande consolation, pour les nobles victimes la plus belle récompense de leur martyre, et pour le monde la réalisation de cette parole de la Bible : « Je veux être sanctifié et honoré par ceux qui me sont proches. »

« Veuillez agréer, très-honorés messieurs, l'hommage de notre respect et l'expression de notre dévouement.

« Les grands rabbins, rabbins et membres des consistoires central et départementaux présents à Paris :

« Signé : ZADOC KAHN ; ISIDOR ; F. LAZARD ; M. MAYER ; GUSTAVE DE ROTHSCHILD ; ALPHONSE DE ROTHSCHILD ; P. ANSPACH ; Dr SÉE ; ALBERT COHEN ; ALHEAS ; J. COHEN. »

LE CLERGÉ DE PARIS

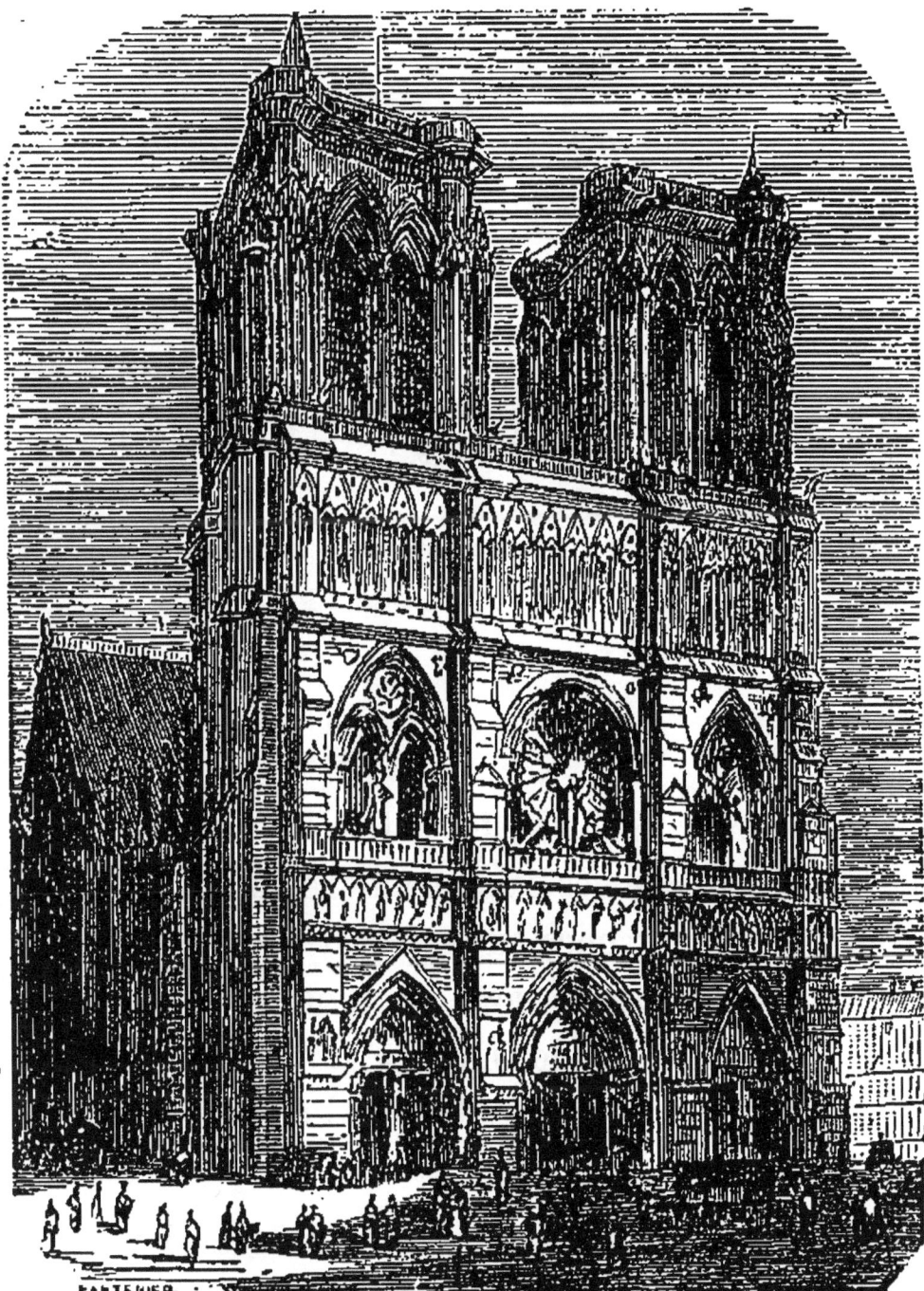

NOTRE-DAME DE PARIS

I

MGR SURAT

Premier vicaire général du diocèse de Paris, protonotaire apostolique.

———

Monseigneur SURAT, né à Paris, a été élevé dans le sanctuaire dès sa plus tendre enfance. Ses parents étaient attachés au service de l'ancien Archevêché, qui fut saccagé, comme on sait, en 1830. Monseigneur de Quélen, d'heureuse mémoire, tenait en grande affection l'enfant de ses bons serviteurs.

Ordonné prêtre à Paris, M. l'abbé Surat devint bientôt l'aumônier de Monseigneur de Quélen.

Monseigneur Affre choisit pour son secrétaire l'ancien aumônier de son illustre prédécesseur.

M. l'abbé Surat fut nommé plus tard vicaire général de Monseigneur Sibour et, depuis cette époque, il a toujours conservé cette haute position avec NN. SS. les archevêques Morlot et Darboy.

Ayant fait le voyage de Rome pour assister à la proclamation du dogme de l'Immaculée Conception, il reçut de N.-S.-P. le Pape le titre de protonotaire apostolique.

M. l'abbé Surat fut arrêté par les fédérés de la Commune le même jour que l'Archevêque, mais il ne fut massacré que le 27 mai. C'est qu'il était parvenu à s'évader avec le promoteur du diocèse, l'abbé Bayle, vicaire général honoraire, et quelques autres ecclésiastiques. Après avoir erré pendant quelques heures, il songea à retourner à la prison pour échapper au danger du bombardement qui sévissait avec fureur dans le dernier quartier de l'insurrection.

M. l'abbé Bayle, promoteur du Diocèse, qui l'accompagnait, avait pu changer d'habits. Il tenait sa soutane cachée dans un paquet, et, voulant s'en dessaisir, s'éloigna un instant. Monseigneur Surat l'attendit dans la rue; mais les insurgés l'ayant reconnu, se précipitèrent sur lui et l'entraînèrent de nouveau à la Roquette. Là, leur rage ne connut plus de bornes, et le digne Prélat fut horriblement

mutilé par ces fo cenés. Son cadavre n'a été retrouvé que deux jours après celui de Monseigneur
Darboy.

Le corps de Monseigneur Surat, exposé à droite
de l'Archevêque, était tellement mutilé que l'on
n'a pu le laisser découvert.

II

M. DEGUERRY

Curé de la Madeleine.

———

L'abbé Deguerry était né à Lyon en 1797. Il était fils d'un marchand de bois.

Après avoir commencé ses études au séminaire de sa ville natale, il alla les terminer au collége de Villefranche, mais il ne fut ordonné prêtre avec dispense qu'en 1820.

Pendant quatre ans, il professa la philosophie, la théologie, l'éloquence, et se livra ensuite à la prédication. En 1824 il prêchait à Lyon; en 1825 et en 1826, à Paris; et l'année suivante il fut nommé aumônier du 6e régiment de la garde royale par Charles X. Il suivit son régiment jusqu'en 1830, à Orléans, à Rouen et à Paris.

En 1828, il prononça, à Orléans, l'éloge de Jeanne d'Arc, qu'il a été appelé, vingt-huit ans plus tard (1856), à faire de nouveau.

Après avoir repris exclusivement, de 1830 à 1839, le co rs de ses prédications, M. Deguerry fit, en 1840, un voyage à Rome. A son retour, il devint chanoine de Notre-Dame, archiprêtre en 1844, passa à la cure de Saint-Eustache l'année d'aprè ; puis, en 1849, à celle de la Madeleine.

Au mois de juin 1861, il fut appelé à l'évêché de Marseille, mais il remercia et fut remplacé par M. Cruice.

En 1868, il a été chargé de l'éducation religieuse du fils de Napoléon III, qu'il prépara à la première communion.

Décoré en mai 1846, il a été fait officier de la Légion d'honneur en 1853, et commandeur le 8 mai 1868.

M. Deguerry a publié de nombreux ouvrages religieux.

Il fut arrêté le 5 avril, un jour après Monseigneur Darboy, écroué au dépôt de la Préfecture; il ne fut plus séparé de l'Archevêque.

M. l'abbé Deguerry était d'une faible santé, c'est ce qui explique le court moment de faiblesse

dont il fut saisi à l'heure suprême, lorsqu'on le
fit descendre de la cellule qu'il occupait à la Roquette, par un petit escalier tournant, près de la
chapelle, dans le jardin servant de promenoir où
il fut massacré.

Le corps de l'abbé Deguerry a été exposé dans
une chapelle ardente à l'église de la Madeleine
pendant huit jours. Les fidèles sont venus en foule
s'agenouiller devant les dépouilles mortelles de celui qui, pendant sa vie, avait été si grand par ses
lumières, son zèle et sa charité.

III

M. L'ABBÉ BÉCOURT

Curé de Notre-Dame-de-Bonne-Nouvelle.

———

L'abbé Bécourt, curé de Notre-Dame-de-Bonne-Nouvelle, était âgé de 58 ans. Sa famille, qui habite Arras, n'a appris la fatale nouvelle de sa mort que par la voie des journaux, une semaine après la fin de l'insurrection.

M. l'abbé Bécourt avait d'abord été nommé vicaire à l'église Saint-Séverin, où il a laissé les plus honorables souvenirs. Il avait été ensuite appelé à la cure de Dugny, puis à celle de Puteaux, où il avait séjourné douze ans, rem-

plissant les modestes fonctions de curé de cam-
pagne. Il était adoré de ses anciens paroissiens.
Il fut nommé il y a dix-huit mois à la cure de
Notre-Dame-de-Bonne-Nouvelle.

Attaché à son devoir plus qu'à sa vie, ce vénérable curé, imitant l'exemple de l'Archevêque,
refusa constamment d'abandonner son église pour
échapper à l'arrestation dont il était menacé. « Si
on veut m'arrêter, disait-il aux personnes qui le
suppliaient de se cacher, on me trouvera dans
mon presbytère. » Il croyait devoir à Jésus-Christ
ce sacrifice, et à ses paroissiens cet exemple, de
rester à tout prix au poste qui lui avait été assigné
par Dieu.

M. Bécourt fut arrêté le mardi de Pâques,
11 avril, conduit à la Conciergerie, puis, plus
tard, traîné à la prison de la Roquette. Il en sor-
tait samedi matin, 27, encore vêtu de sa soutane, qu'il n'avait point consenti à quitter. Son
habit le désignait à la fureur des assassins ; deux
balles vinrent le frapper à la tête et au cœur, à
côté de Monseigneur Surat.

Ainsi mourut, martyr de son devoir, ce prêtre
vraiment digne du titre de pasteur, et dont l'extrême modestie cachait de si grandes vertus.

Le journal *l'Univers* a publié, au sujet de la captivité du curé de Bonne-Nouvelle, un article que nous nous empressons de reproduire.

« On a bien voulu nous communiquer quelques feuillets trouvés à la Roquette dans la cellule de M. l'abbé Bécourt, curé de Bonne-Nouvelle. Ce sont ses dernières pensées et ses adieux. Les bourreaux, qu'il attend de minute en minute, ne paraissant pas, il se hâte d'ajouter un nom qui pourra toucher ou même servir quelqu'un. A ses souvenirs, il mêle des recommandations brèves, quelques avis, des expressions de son amour pour Dieu. Ce sont les pulsations de l'agonie d'un juste, doux et aimant, sévère à lui-même, plein de foi, craignant Dieu. Au moment de paraître devant le Juge éternel, il s'examine d'un air inquiet, mais néanmoins confiant. Il va à la justice, mais aussi à la miséricorde. *Cor contritum et humiliatum non despicies.*

« Nous nous permettrons de donner quelques extraits de ce testament soudain, écrit sous le couteau. Dans sa simplicité et son désordre, il vaut la plus haute méditation sur la mort, et on ne l'estimera pas moins comme peinture vivante d'une âme chrétienne et sacerdotale. Nous indiquons ce document à tant d'hommes qui, avec plus ou moins de science et de conscience, se font les adversaires, nous ne voulons pas dire les diffamateurs, du clergé.

« Voilà un pauvre prêtre que l'on va tuer. Il n'a rien à attendre des hommes qu'une mort cruelle et immédiate. Il n'espère du monde aucun secours, son humble mémoire n'a besoin d'aucune réparation. Désormais son unique affaire est avec Dieu. Il se confesse à Dieu. L'on ne peut imaginer des conditions de sincérité plus entières.

« Il a vécu cinquante-sept ans, il a été curé, il a gouverné en dernier lieu une grosse paroisse. Voyez de quoi il s'est mêlé dans le monde, ce qu'il a fait, ce qui l'inquiète au dernier moment, de quelle façon il reçoit cette cruelle et injuste mort. Il nomme tous ceux qu'il a connus pour les embrasser une dernière fois ; pas une parole et visiblement pas un mouvement de son cœur contre personne ; il tombe assassiné comme s'il mourait par accident et ne songe à ceux qui le précipitent que pour leur pardonner. Vous avez le prêtre. »

Prison des condamnés, à la Roquette.

Jeudi 25 mai, 45e jour de détention,
quelques moments avant ma mort.

Je remets mon âme à Dieu.

Je me remets sous la protection de Marie et de Joseph.

J'envoie à ma bonne mère mes dernières respectueuses et affectueuses salutations. — Un souvenir à mon cher père, mort en 1840.

Adieu, chère mère, bonne sœur et bon frère. Adieu, Monseigneur d'Arras.

Que Monseigneur d'Arras veuille bien les consoler.

. . . .

J'ai désiré être curé de Paris ; c'est l'occasion de ma mort : c'est un ancien pressentiment et peut-être une punition.

. . . .

Adieu à Dugny (où il avait été curé), aux pauvres comme aux riches. Croyez tous à mon amour en Notre-Seigneur Jésus-Christ. Adieu ! adieu !

. . . .

Je demande pardon à Dieu ;
A ma mère de mes manquements,
A mes frère et sœur de mes duretés,
A mes paroissiens de mes défauts,
A mes pénitents que j'ai mal dirigés.

. . . .

Je demande pardon de certaines oppositions que l'amour-propre m'a fait faire à l'égard de deux curés, M. Hanicle et M. Barot.

Je demande pardon à tous ceux que j'ai offensés et scandalisés.

Je pardonne à tout le monde, sans le moindre mouvement d'animosité ; à ceux qui, par imprudence, auront occasionné mon arrestation et ma mort.

Au ciel, parents et amis, au ciel !
Pardon, mon Dieu, pardon !

—

Que ceux qui sont ennemis aujourd'hui, demain soient d'accord, et que Paris devienne une ville de frères qui s'aiment en Dieu.

Tout à Dieu, tout pour Dieu.

Que Dieu soit aimé, — que mes paroissiens croient à la parole d'un mourant.

Je me prépare comme si j'allais monter à l'autel.

Que l'on dise bien aux paroissiens et aux enfants que je meurs parce que j'ai voulu rester à mon devoir et sauver les âmes en ne quittant pas Paris.

Que tout le monde prie pour moi.

Dieu me recevra-t-il ?

Je prie que l'on me recommande partout aux prières. Priez pour le repos de l'âme du malheureux curé de Bonne-Nouvelle, si pécheur en sa vie.

—

Au *commencement de nos malheurs, au mois de septembre, je m'étais offert en état de victime pour Paris.* Dieu s'en est souvenu.

Que *mon sang soit le dernier versé !*

—

Monseigneur Daveluy, mon sous-diacre à ma première messe, a été martyrisé en Corée, en 1865.

Je meurs dans la foi et l'union à la sainte Église.
Que Dugny, que Puteaux se convertissent !

—

Je pardonne, je pardonne avec Jésus-Christ en croix.

. . . .

Je meurs à 57 ans et..... jours.
Si j'en avais profité....

—

Ce vendredi 26 mai,
6 heures et demie du soir.

Je meurs dans l'amour de mon Dieu, avec soumission
à sa volonté sainte.
Confiant dans Marie, nonobstant mes péchés.

—

Mes parents, mes amis, mes paroissiens et même ceux
qui ne me connaissent pas personnellement, priez pour
moi.
Je prierai pour vous si Dieu me met dans son saint
paradis.

—

Depuis deux jours, je fais mon sacrifice d'heure en
heure.
Heureux celui que la foi soutient dans ce terrible
moment !
Dieu veut toujours notre plus grand bien pour l'éter-
nité.
S'il avait voulu faire un miracle...
Il ne l'a pas voulu.
Tout à sa volonté.

—

Un de mes confrères ayant une sainte hostie, j'ai reçu
la communion en viatique.

IV

M. L'ABBÉ SABATIER

Deuxième vicaire de Notre-Dame-de-Lorette.

―――――

L'abbé Sabatier était natif de l'Auvergne. Il était âgé de 50 ans.

Il avait été nommé vicaire de la paroisse de Notre-Dame-de-Lorette en 1856.

Il a été arrêté le 11 avril.

Averti à temps de l'ordre d'arrestation lancé contre lui, il a fait comme Mgr Darboy, il est resté avec courage à son poste.

C'était un homme de bien, un prêtre suivant les vues de Dieu. Il a été massacré le 26 mai dans la fournée dite des *QUINZE*. Son cadavre a été retrouvé dans une cave où gisait une hécatombe de gendarmes.

L'identité de M. l'abbé Sabatier a été constatée par son confrère l'abbé Dufau; les doigts de la noble victime, tant de fois sanctifiés par la sainte hostie, avaient été affreusement mutilés. Le dessus du crâne de sa belle tête était enlevé. Il avait reçu de plus une balle dans le front, une autre dans la région du cœur, et deux dans le ventre.

Les bandits avaient pu s'abreuver à leur aise du sang d'un ministre de Dieu.

V

M. L'ABBÉ PLANCHAT.

Aumônier du patronage Sainte-Anne.

———

M. l'abbé Planchat, aumônier de l'asile Sainte-Anne, a été massacré le 26 mai avec M. l'abbé Sabatier. Sa vie avait été un sacrifice de chaque jour. La maison du patronage de Sainte-Anne, destinée aux jeunes apprentis, est placée sous la direction de la société de Saint–Vincent-de-Paul. Les fonctions d'aumônier sont très-pénibles. Il s'agit d'instruire et de préparer à la première communion les jeunes enfants des familles pauvres, qui ne peuvent consacrer à leur instruction et à leur repos que le dimanche.

Avec quelle abnégation, quelle charité évangélique, le re-pectable prêtre ne remplissait-il pas les nobles fonctions de son ministère! Et ce sont peut-être des pères de famille, indignes de ce nom, qui se sont rendus coupables du crime le plus atroce sur la personne du bienfaiteur de leurs jeunes enfants!

VI

M. L'ABBÉ PAUL SEIGNERET

Séminariste de Saint-Sulpice,.

M. l'abbé Seigneret n'avait pas encore reçu les ordres sacrés. — Agé de vingt ans à peine, il suivait le cours de théologie. Son père est inspecteur de l'Académie du Jura. La figure du jeune Seigneret était vraiment angélique, et son extrême jeunesse avait ému tous ses compagnons de captivité ; personne ne pouvait croire qu'il pût être exécuté. Son crime unique était d'avoir été demander à la préfecture de police le passeport nécessaire pour retourner dans sa famille; c'était en mai ; mais arrêté sur place par des fédérés, jeté à la Conciergerie, transféré de là à Mazas, puis à la Roquette, il a partagé le sort commun. C'était un agneau conduit à la boucherie.

Voici quelques fragments des dernières lettres écrites de Mazas par le jeune prisonnier à M. l'abbé Sire :

« Vous avez vu sans doute les discours furibonds prononcés à l'Hôtel-de-Ville, après le renversement de la colonne Vendôme. Les journaux les auront reproduits en province, et nos pauvres familles doivent être épouvantées ! Ce sont elles qui sont à plaindre et non pas nous ! Pour nous, la Commune, sans qu'elle s'en doute, nous a fait tressaillir d'espérance avec ses menaces. Serait-il donc possible qu'au début seulement de notre vie, Dieu nous tînt quittes du reste, et que nous fussions jugés dignes de lui rendre ce témoignage du sang, plus fécond que l'emploi de mille vies !

« Heureux le jour où nous verrons ces choses, si jamais elles nous arrivent ! Je n'y puis penser sans larmes dans les yeux ! » (19 mai.)

Deux jours avant sa mort, il écrivait encore, de la Roquette, ces lignes d'une étonnante sérénité :

« Nous sommes ici dans la prison des condamnés ; j'en bénis Dieu de toute mon âme. Tout me réussit à souhait : j'avais si souvent demandé que, s'il devait arriver malheur à quelqu'un, ce

fût à moi! Il me semble déjà voir l'accomplissement de mon désir. Vous dire la fête où je suis
serait chose difficile ; je récite le *Te Deum* du
matin au soir! »

L'abbé Seigneret a été massacré le 26 mai à
Belleville, dans l'enceinte du 8e secteur, rue
Haxo, 85. L'excellent jeune homme tendit la main
à ceux qui l'entouraient : « Adieu! adieu! leur
dit-il » Puis, se retournant, il ajouta avec un sou-
rire radieux et surhumain : « Non, mes amis... au
revoir? »

On fit un feu de peloton sur Paul Seigneret,
mais une seule balle l'atteignit et le tua roide.

Ses amis de Saint-Sulpice recueillirent son
corps; ils l'ont renfermé dans un triple cercueil,
et ils désirent l'ensevelir dans la chapelle funèbre
où, jusqu'à ce jour, les restes de leurs supérieurs
ont été seuls recueillis.

Ses obsèques ont eu lieu le mercredi 31 mai à
l'église Saint-Sulpice. Ses maîtres et confrères
du séminaire de Saint-Sulpice, ont rendue les derniers devoirs à cette jeune et noble victime.

LES ORDRES RELIGIEUX

VII

LFS PÈRES DOMINICAINS

Du collége d'Arcueil

Les glorieux survivants aux massacres de mai ont publié le récit de la mort des martyrs qui ont apppartenu à leur ordre.

Nous en donnons ici l'analyse :

Le R. P. CAPTIER fut envoyé au printemps de 1863 à la tête de quelques religieux domini- cains du tiers ordre enseignant pour établir dans l'ancienne maison de Berthollet un collége sous le nom du Bienheureux-Albert-le-Grand.

Quand la guerre désastreuse d'Allemagne vint à éclater, l'école d'Arcueil comptait trois cents élèves.

La première pensée de tous dans cette maison. aussi profondément française que chrétienne, fut de s'associer dans la dernière mesure du possible aux efforts du pays luttant contre l'étranger. Les élèves offrirent une somme considérable pour les blessés. Les religieux donnèrent leur personne. Trois d'entre eux partirent pour les ambulances et passèrent l'hiver sur le champ de bataille, tandis que tous les autres se consacraient au soulagement des pauvres blessés du siége de Paris.

Le siége étant fini, l'école d'Arcueil rouvrit ses portes aux élèves et recommença dès le mois de mars ses cours d'enseignement.

Quand éclata la guerre civile, les pères résolurent de continuer leurs fonctions d'ambulanciers et furent, dans les premiers temps, respectés par les gens de la Commune.

Néanmoins plusieurs perquisitions eurent lieu dans leur établissement sans qu'on y trouvât autre chose que les insignes témoignages d'une charité que rien ne décourageait.

Le 17 mai, plusieurs événements eurent lieu qui émurent et inquiétèrent les insurgés. On voulut absolument que la communauté d'Arcueil fût pour quelque chose dans une explosion de capsulerie située avenue Rapp et dans l'incendie du château de M. le marquis de Laplace, transformé en caserne et occupé par les fédérés. Il n'en fallait pas davantage pour décider une arrestation.

C'est ainsi que le vendredi 19 mai les RR. PP. CAPTIER, prieur, BOURARD, aumônier, DELHORME, régent des études, COTRAULT, procureur, ROUSSELIN, censeur, CHATAGNERET, professeur, furent incarcérés au fort de Bicêtre, avec des maîtres auxiliaires et un grand nombre de serviteurs.

Le jeudi 25 mai le fort fut évacué par les insurgés de la Commune, et les prisonniers eux-mêmes à la mairie des Gobelins furent ce même jour enfermés dans la prison disciplinaire du 9e secteur, avenue d'Italie, n° 38, où ils furent bientôt massacrés.

M. l'abbé GRANCOLAS a adressé aux journaux, sur cet horrible drame, le récit suivant :

« Le 25 mai, à quatre heures et demie du soir, le 101e bataillon de fédérés, sur l'ordre de son colonel le citoyen Cerisier, a massacré le personnel du collége Albert-le-Grand, au nombre de vingt-quatre personnes, ecclésiastiques et laïques, sur la porte de la prison disciplinaire du secteur des Gobelins, avenue d'Orléans, 38.

« A cinq heures et demie, au moment où les troupes victorieuses pénétraient dans l'avenue d'Italie, les corps de quatre frères dominicains gisaient encore sur le sol, mais déjà dépouillés par l'ignoble population du quartier ; à savoir : les pères Cottreau, économe ; Delhorme, Chatagneret et Bourard. On espère encore que le père prieur aura survécu, mais cette espérance est bien faible.

« Les pères dominicains sont morts en criant : Pour le bon Dieu ! et avec le plus grand courage, ainsi que les professeurs et domestiques du collége.

« C'est le 16 mai que, sous prétexte que les frères dominicains servaient d'espions aux assiégeants, une bande de fédérés appartenant au 101e bataillon est venue « réquisitionner » tout le personnel de l'établissement, professeurs et employés. On les conduisit au fort de Bicêtre, où, après les avoir dépouillés de leur argent et les avoir fouillés, on les enferma dans une casemate; ils y restèrent huit jours, sans autre lit qu'un

peu de paille, sans autre nourriture que du pain
et de l'eau, qu'on négligea même de leur donner
pendant les deux derniers jours de leur captivité.

« Dans la nuit du mercredi 24 au jeudi 25, les
fédérés évacuèrent le fort; à huit heures et demie, cette opération était termi ée; les sentinelles
s'étaient retirées, laissant les prisonniers dans
leur casemate. On songea à eux pourtant, et un
officier à cheval vint leur dire : Vous êtes délivrés; nous allons vous mener aux Gobelins pour
vous y mettre en sûreté.

« Sur tout le parcours, les malheureux dominicains n'ont cessé d'être outragés et maltraités
de toutes les manières par la population de ce
quartier. Arrivés à la mairie de la route d'Italie,
on les fit asseoir dans une cour où pleuvaient les
obus; puis on leur enjoignit de se rendre au
9e secteur, où on leur fit subir un nouvel interrogatoire.

« A deux heures et demie, un homme en chemise rouge accourt : — Il nous faut des travailleurs pour la barricade. Que font là ces soutanes?
Amenez-les-nous, c'est ce qu'il nous faut!

« On mène les prisonniers à la barricade, où

les balles pleuvaient avec une telle intensité que les insurgés n'y voulaient plus rester.

« De la barricade on les reconduit au secteur, sur l'ordre du colonel Cerisier.

« A quatre heures, nouvel ordre du même personnage, apporté par une chemise rouge. Les dominicains sont mis sur deux rangs, et on les fait sortir deux par deux ; mais au moment où les premiers mettent le pied sur le seuil, des coups de feu retentissent : c'étaient les gardes nationaux du 101e qui exécutaient les dernières instructions du colonel Cerisier. Les religieux tombent foudroyés ; vingt et un sur vingt-quatre ont le même sort, trois seulement parviennent à s'échapper.

« Voilà, dans son horrible simplicité, le récit des scènes atroces qui ont eu lieu hier à l'avenue d'Italie. Les septembriseurs de 1793 ont laissé de dignes héritiers. »

Les cadavres des martyrs ont été longtemps exposés à tous les outrages imaginables.

Le lendemain, quelques ecclésiastiques et M. le maire d'Arcueil recueillirent les saintes dépouilles et les rapportèrent à Arcueil. — On eût voulu les enterrer dans l'enceinte de l'école, mais il eût

fallu remplir de longues formalités : on les conduisit au cimetière commun.

Là, dans une même fosse, ils reposent l'un
près de l'autre, ayant pour tout linceul leurs vêtements ensanglantés.

Cette tombe sans gloire ne doit pas être le dernier asile des martyrs d'Arcueil.

Le **2** juillet, un service funèbre était célébré
dans la petite église d'Arcueil en l'honneur des
illustres victimes d'Albert-le-Grand.

L'assistance était nombreuse.

Tous les ordres religieux existant à Paris étaient
représentés à cette cérémonie.

Les robes blanches des dominicains y domi-
naient.

Le R. P. Lécuyer, vicaire général de l'ordre
pour la France, était à leur tête. Les RR. PP. Jésuites étaient en nombre; les carmes étaient représentés par leur provincial.

Le clergé séculier y était nombreux. Mgr Maret,
évêque de Surat, présidait la cérémonie.

M. l'abbé Captier, de la congrégation de Saint-
Sulpice, frère de l'illustre prieur d'Arcueil, était
venu de Lyon.

Les anciens élèves des PP. dominicains y

étaient représentés par MM. Malglaise, capitaine d'état-major, Thérémin d'Hame, officier de cuirassiers, Gaston de Valon, secrétaire de M. le ministre des finances, Pouyer-Quertier, de Rochetaillée, officier de la garde mobile, chevalier de la Légion d'honneur.

L'oraison funèbre des martyrs a été prononcée par le P. Perraud, oratorien, professeur à la Sorbonne. — Pendant le service, le choral de l'église Saint-Germain-l'Auxerrois, sous la direction de MM. Gros et Lentz, a fait entendre plusieurs morceaux appropriés à la cérémonie. On a remarqué notamment un offertoire exécuté sur le violon par M. Trombetta, ainsi qu'un *Pie Jesu* et un *Agnus*, chantés par MM. Jourdan et Meyronne.

VIII

LES RR. PP. JÉSUITES

Le R. P. de Pontlevoy, provincial des Jésuites de France, préparant en ce moment une notice sur la vie des illustres victimes de son ordre qui ont été massacrées le 24 mai à la Roquette, nous nous bornerons à donner ici leurs noms et à faire connaître les détails de leurs obsèques :

Le R. P. Ducoudray, supérieur de l'école Sainte-Geneviève, et le R. P. Clerc, professeur; le R. P. Olivain, supérieur de la résidence de Sèvres; les RR. PP. Caubert et de Bengy, ont été massacrés le 26 mai, à Belleville (a').

Les obsèques de ces serviteurs de Dieu ont eu lieu le 31 mai à l'église du *Gesu* avec une touchante simplicité.

(a') Voir les notes justificatives.

Une assistance aussi nombreuse que recueillie emplissait la nef et les chapelles de l'église du *Gesu*, 35, rue de Sèvres; toutes les classes de la société étaient confondues autour d'un nombreux clergé.

Les corps des cinq victimes étaient modestement rangés devant le maître-autel, sans autre décoration funèbre qu'un simple drap mortuaire et quelques cierges. La messe basse a été célébrée par le R. P. de Pontlevoy, provincial de la Compagnie de Jésus.

Après la messe, le vénérable curé de Saint-Sulpice a rendu hommage à la mémoire de ces glorieuses victimes. Dans une éloquente improvisation, inspirée par ce zèle apostolique qui caractérise les vingt ans de son ministère pastoral, il a vivement ému l'auditoire. Voici en substance le fond de ce discours :

« Quel émouvant spectacle que celui de ces cinq victimes étendues sous nos yeux!

« Qui ne pleurerait ce P. Olivain, aussi distingué dans sa vie laïque que dans sa vie religieuse, — lui qui a donné au collège de Vaugirard sa véritable célébrité; qui ensuite est venu, dans cette résidence, épancher dans les âmes les élans de sa piété et de son zèle; goûté de tous par la sagesse de sa direction et par le succès de ses retraites?

« Qui ne pleurerait le P. Ducoudray, supérieur de l'école Sainte-Geneviève? — Après avoir puisé la science profane et ecclésiastique à la Faculté de droit et au séminaire de Saint-Sulpice, il était entré dans la Compagnie de Jésus, — avait dépensé toute son intelligence à préparer aux Écoles polytechnique et de Saint-Cyr des ingénieurs et des officiers sur lesquels le pays fonde en ce moment de légitimes espérances pour la réhabilitation de notre patrie déchue.

« Et comment oublier ce bon P. Caubert, connu de tout le monde par les nombreux services qu'il rendait dans cette maison?

« Et le P. Clerc, qui avait quitté son grade d'officier de marine pour embrasser la vie religieuse!

« Et enfin ce P. de Bengy, illustre par la noblesse de sa famille, plus illustre encore par son dévouement infatigable dans les avant-postes du siége de Paris!

« Je pleure sur tous ces morts, parce qu'il révèlent au monde entier la ruine, la honte et les

désastres de notre France. Faut-il que la malice
de l'impie soit violente, pour le pousser à commettre d'aussi cruels massacres, accompli avec
toute la brutalité du sauvage et la préméditation
du scélérat !

« Mais si je pleure sur tous ces malheurs, je
me réjouis dans la gloire et les espérances que
nous procurent ces martyrs. — Oui, au nom de
la théologie, ceux-là sont martyrs qui meurent
sous le coup d'une persécution religieuse, qui
sont tués par haine de Dieu et de la religion dont
ils sont ministres. Y avait-il une autre raison de
les mettre à mort? On n'a pas eu un seul reproche
à leur faire. Étrangers à toute discussion politique, ils vivaient dans leur cellule, tout appliqués
à leurs études et au salut des âmes.

« Donc ils sont martyrs, et si l'Église n'avait
pas à se prononcer sur leur canonisation, déjà je
vous inviterais à entonner l'hymne de l'action de
grâces et à célébrer leur entrée dans le ciel. O
Église! tu seras fécondée par le sang de ces victimes. O France! tu seras régénérée par ces holocaustes.

« O Compagnie de Jésus! tu peux te réjouir :
tu es toujours aussi féconde et aussi généreuse.

Y a-t-il un seul point de la terre qui n'ait été arrosé de ton sang, pour la prédication « de l'Évangile et l'affermissement de la foi? »

Le pieux pasteur termina cette allocution par les conseils que lui dictaient son expérience et son grand amour du bien pour l'Église et la patrie.

IX

LES QUATRE PÈRES DE PICPUS

Le jeudi du Saint-Sacrement, le T. R. P. Bous-
quet, supérieur général de la congrégation du
S.-C. de J. et M., dite de Picpus, muni d'une auto-
risation du gouvernement et accompagné de quelques membres de sa congrégation, a fait exhumer
du cimetière de Belleville, pour les placer dans un
lieu plus conforme aux vœux de ses frères, les
quatre Pères de l'institut que la Commune a massacrés. Grâce aux prévoyantes mesures prises par
un des vicaires de cette paroisse, M. l'abbé Ray-
mond, qui avait eu soin de faire placer à part les
prêtres mêlés aux autres otages, on a pu aisément
retrouver les restes précieux des martyrs et les

reconnaître ou aux traits de leur visage non encore
défiguré, ou à d'autres signes non moins certains.
Si l'on n'a pu, comme on l'eût fait jadis, les déposer sous les dalles de l'église, au moins on les a
rapprochés le plus possible d'une maison de la
congrégation, afin que morts ils édifient encore
leurs frères. Les quatre corps, portés chacun sur
un char funèbre, ont traversé Belleville et ont été
déposés à côté du dernier supérieur général de
l'institut, dans le cimetière d'Issy, où se trouve le
principal noviciat de la congrégation. Etranges
vicissitudes de cette vie terrestre! Il y a dix-huit
mois à peine, le T. R. P. Euthyme Rouchouze,
encore plein de vie et de santé, gouvernait paisi-
blement la congrégation en s'aidant des lumières
de ceux qu'un chapitre général lui avait donnés
pour conseillers. Une maladie soudaine l'enlève
en quelques jours, et bientôt ceux qui l'aidaient
naguère dans sa tâche laborieuse, qui hier l'accompagnaient en pleurant à sa dernière demeure,
sont allés tous ensemble le rejondre au champ du
repos.

On ne sait que peu de chose sur leur captivité
ou sur leur mort. Le 12 avril, les gardes nationaux envahissaient la maison de Picpus, qu'ils

avaient habitée en compagnie des religieux pendant tout le siége, et faisaient prisonniers douze
Pères qui y restaient encore. Conduits d'abord à
la Conciergerie, où ils avaient la consolation de
vivre ensemble, les prisonniers furent transportés
le 17 à Mazas dans des voitures cellulaires. Là,
ils menèrent pendant plus d'un mois la triste vie
de tous les otages détenus dans cette prison désormais célèbre, se préparant tous dans la prière
et la souffrance au martyre qui ne devait être le
partage que de quelques-uns.

Je dis le martyre, car lorsqu'à Mazas, un jour
le P. Prieur demandait à l'un des chefs pourquoi
on les détenait et quels crimes on leur reprochait,
l'homme de la Commune répondit : N'est-ce pas
assez que vous soyez prêtres et religieux?

Une seule fois, le P. Ladislas Radigue put faire
parvenir à son supérieur quelques lignes; ce fut
pour lui dire, comme un autre Paul dans les fers :
« Ne vous inquiétez pas à mon sujet, je surabonde
de joie dans toutes mes tribulations. » Le 22 mai,
ils furent transférés de Mazas à la Roquette. Enfin,
le 26 au soir, les quatre principaux, car la Commune procédait avec ordre, furent extraits de la
Roquette, se doutant bien qu'on allait renouveler

contre eux la scène du 24, et conduits à Belleville
où les attendait la mort. C'étaient le P. Ladislas
Radigue, prieur, le P. Tuffier (Polycarpe), procureur, le P. Marcellin Rouchouze, secrétaire, et le
P. Frézal Tardieu, conseiller. Tout ce qu'on sait
de l ur supplice (car les habitants de Belleville,
encore sous le coup de la terreur, n'osent pas
répondre, de peur de se compromettre, aux ques-
tions qui leur sont adressées), c'est qu'au moment
de la décharge un bruyant hourra de : Vive la
Commune! saluait leur dernier soupir.

C'est une horrible mort que la leur aux yeux de
la nature, et elle a été préparée par de longues
ai goisses plus terribles encore. Mais tout ne se
consomme pas ici-bas, et les hommes de foi savent
que bienheureux sont ceux qui meurent pour le
Seigneur. Aussi leurs frères, bien que désolés
d'avoir perdu les premiers membres de l'institut,
s'estiment heureux et sont fiers que Dieu les ait
jugés dignes de souffrir l'ignominie et la mort
pour le nom de Jésus. *Gaudentes... quoniam
digni habiti sunt pro nomine Jesu contumeliam
pati.* Et, avec une ardeur nouvelle, convaincus
que le sang des martyrs est pour les familles religieuses, comme pour l'Eglise dont ils ne sont

que des branches, une semence de nouveaux re-
jetons, ils ont repris au pied du tabernacle l'exercice de l'adoration réparatrice qui de jour ni de
nuit n'avait cessé depuis 93, qui les vit naître,
jusqu'au 12 avril 1871. Puissent leurs adorations,
désormais fécondé s par le sang, conjurer pour
notre chère France les révolutions de l'avenir!

(Note communiquée par la Congrégation).

X

LE R. P. HOUILLON

De la Congrégation des Missions étrangères

Le R. P. Houillon avait séjourné longtemps en Chine, où, tout en travaillant au salut des âmes, il avait fait une étude spéciale de la langue chinoise et avait préparé divers ouvrages sur les mœurs de ce peuple si ancien et si peu connu.

Il était âgé de 50 ans.

Nous empruntons les pages qui vont suivre au livre du R. P. Paul Perny, auteur du *Grand Dictionnaire de la langue chinoise*, qui a été notre compagnon de captivité et que nous avons été heureux de revoir, dimanche 4 juin, au couvent des Missions étrangères :

« Le mardi saint, écrit le R. P. Perny, j'avais le dessein d'aller à la campagne, mais le chemin de fer ne marchait plus. Je me décidai alors à faire quelques courses en ville, accompagné du R P. Houillon. Une affaire me conduisit dans le voisinage du Panthéon. Nous avons passé, ce jour-là, devant plus de dix postes de gardes nationaux, sans que personne fît attention à nous. Dans le quartier du Panthéon, nous n'eûmes pas le même bonheur. Des gardes nationaux du 204° bataillon, à moitié ivres, nous aperçurent et vinrent à nous. — Citoyens, vos passeports? — Nos passeports sont en règle; ils sont à notre domicile. Si vous avez le droit de nous les demander, venez avec nous, on vous les montrera bien volontiers. A ces mots, l'un de ces misérables, qui ne mérite pas le nom d'homme, tire de sa poche un révolver à plusieurs coups et le tient élevé à deux doigts de ma figure.

« Cet acte insensé ne me causa pas la moindre émotion. — *J'ai vu la mort vingt fois encore de plus près*; je ne crains pas vos menaces. — *Ah! maintenant*, fit ce malheureux, *il faut en finir avec vous autres une bonne fois; il faut qu'on vous coupe tous en morceaux*. Une foule com-

pac.e de passants et de soldats nous environnait
déjà. Un jeune officier accourut, me saisit le bras
en criant : « Ne craignez rien, venez avec moi. »
Nous le suivîmes au poste.

« Quel était ce poste ? La mai on préparatoire
aux grandes Ecoles, tenue par les Pères de la
Compagnie de Jésus, rue Lhomond. L, veille,
cette maison avait été occupée militairement.
Tous les Pères et les Frères présents avaient été
faits prisonniers et conduits au dépôt de la Préfecture. Le sac de la maison avait immédiatement
commencé. On achevait alors la crimin lle dévastation et le pillage odieux de cette demeure de la
science et du religieux dévouement. Nous eûmes
la douleur de voir dans une salle, en face du
parloir, un jeune officier emballant tous les
vases sacrés qui avaient été découverts. Cela se
faisait sans doute pour justifier une fois de
plus la fameuse devise, si chère à nos démo-
crates : *Liberté, Égalité, Fraternité*, gravée à
neuf sur tous les monuments publics de la ville
depuis le 5 septembre.

« On nous écroua dans un parloir qui est à
droite en entrant. Un factionnaire montait la
garde à la porte. En vain je réclamai du papier

pour prier quelqu'un de notre maison de nous
apporter nos passeports. En vain j'offris qu'on
nous accompagnât à domicile, toutes les instances furent inutiles. On se bornait à nous répondre placidement : *Attendez un peu*. — *Ne
craignez rien*. Huit ou dix personnes, dont deux
membres de l'ambulance internationale, vinrent
successivement nous rejoindre dans cette espèce
de prison. Quel était leur crime? Celui d'avoir
ignoré la dévastation de cet établissement et de
venir y visiter qui un parent, qui un ami.

« Trois longues heures s'écoulèrent ainsi en
expectative. Durant ce temps, nous avons eu sous
les yeux de véritables scènes de dégradation et de
sauvagerie humaines. Des soldats ivres étaient
amenés au poste. Ils opposaient toute la résistance possible à leurs camarades. Dès leur entrée
à la maison, tous les hommes du poste, comme
des bêtes fauves, sans en excepter le capitaine,
se précipitaient sur les malheureux soldats ivres.
C'était à qui les frapperait davantage à coups de
poing.

« D'autres membres du même bataillon avaient
été surpris en flagrant délit de vol. Leurs poches
étaient remplies des objets dérobés. Le même va-

carme, la même scène se produisait à nouveau. *Qu'on le fusille!* avaient dit quelques voix. *Oui,* répondait le capitaine, honteux sans doute d'avoir de tels hommes sous sa conduite ; oui, nous l'attacherons tout à l'heure à un arbre, et nous le fusillerons. Cette parole me donna le frisson. Une justice aussi expéditive a-t-elle eu lieu? Je l'ignore ; mais il est bon de faire mention du fait. »

Ce ne fut qu'à six heures du soir que les deux Pères furent conduits, sous bonne escorte, à la Préfecture de Police. Ils y restèrent quelques jours et furent transférés, comme tous les autres prêtres, à Mazas, puis, de là, à la Roquette.

Le P. Houillon avait pu parvenir à s'évader de prison le vendredi 26 mai, mais, n'ayant pas réussi à trouver un refuge, il fut de nouveau arrêté et massacré.

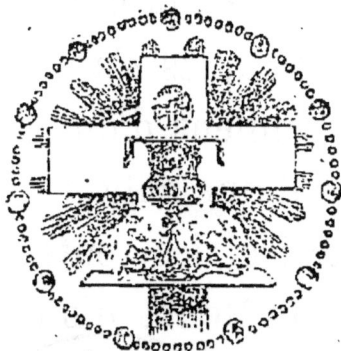

XI

LE R. P. ALLARD

Ancien Missionnaire, Aumônier des ambulances.

———

Le R. P. Allard, ancien missionnaire, s'était dévoué à l'œuvre si humanitaire de secourir nos blessés des *armées de terre et de mer.*

Par quelle aberration mentale ceux qui s'intitulaient *les Apôtres de l'humanité* ont-ils fait arrêter le P. Allard? A cette question nous ne saurions mieux répondre qu'en transcrivant les paroles d'un digne magistrat (1) :

« Devant ces morts illustres (Monseigneur l'Archevêque de Paris et les prêtres de son diocèse), il est bon que les peuples s'arrêtent, se recueillent ; qu'ils comprennent d'où vient la vie, où sont les vrais amis d'une nation chrétienne ; d'où soufflent, au contraire, les vents qui dessèchent, les doctrines qui brûlent ; d'où procèdent les

(1) M. le premier président de Riorev/.

hommes qui tuent. Sans doute, parmi ces monstres à face humaine, quelques-uns ont su ou sau-
ront mourir avec courage. Chez les uns, ostenta-
tion fébrile ; chez les autres, énergie de nature.
Mais ils disparaissent de la scène la rage au cœur
et l'écume à la bouche.

« Ce Dieu qu'ils ont maudit, ce catholicisme
que les insensés ont méconnu, les condamnent
déjà par les contrastes. Dans le fossé sanglant de
la Roquette, un prêtre, un catholique est là. Les
négateurs de Dieu l'insultent, l'outragent, le mar-
tyrisent lentement : c'est Monseigneur Darboy,
qui tient les mains levées au ciel et meurt, bénissant ses bourreaux. »

Le R. P. Allard avait été arrêté le 4 avril, dans
la rue de Vaugirard, non loin de la maison qu'il
habitait.

Conduit à la Préfecture de police, de là à Mazas,
puis à la Roquette, il a été fusillé le premier,
précédant Monseigneur l'Archevêque. Nous te-
nons encore ce détail du R. P. Perny, qui de la
fenêtre de sa cellule a vu défiler le cortége des
cinq premières victimes. Le R. P. Allard s'est
trouvé à la tête de la funèbre colonne, et murmu-
rait ces mots : *Oh ! mon Dieu ! mon Dieu !*

XII

FRÈRE NÉOMÈDE-JUSTIN (SAGNET PHILIPPE)
Des Écoles chrétiennes

Philippe SAGNET; en religion frère NÉOMÈDE-JUSTIN, était né le 8 mai 1836 aux Hernaux (Lozère), de parents pieux. Il entra le 28 août 1856 au noviciat des frères des écoles chrétiennes, au Puy (Haute-Loire).

Après sa probation, ses supérieurs l'envoyèrent à Paris; il y a exercé avec zèle, pendant quinze ans, les fonctions d'instituteur, dirigeant des classes nombreuses et se dévouant à l'instruction gratuite des enfants pauvres.

Pendant le siége de Paris par l'armée allemande, il a continué ses soins à ses élèves d'Issy-sur-Seine réfugiés dans le quartier de Vaugirard.

Le frère NÉOMÈDE-JUSTIN se délassait de ses fatigues scolaires en allant avec un grand nombre de ses confrères recueillir les blessés de nos champs de bataille et inhumer les morts, notamment à Champigny.

Rentré dans la communauté après l'armistice, il dut la quitter le 8 mai pour éviter d'être enrôlé dans les rangs des fédérés.

Arrêté trois jours après avec un grand nombre de ses confrères (1), il fut conduit d'abord au dépôt de la Préfecture de police et ensuite écroué à Mazas.

Plein de foi, il supportait avec une résignation toute chrétienne les rigueurs et les privations de sa captivité.

Pressentant le malheur qui allait le frapper, il avait fait le sacrifice de sa vie si pure et si dévouée pour le salut de la France, la prospérité de son institut et le triomphe de l'Eglise.

Sorti de Mazas le jeudi 25 mai, et conduit par les insurgés à une barricade sur le boulevard Mazas, il fut frappé par un éclat d'obus qui le tua instantanément.

Le frère NÉOMÈDE-JUSTIN était dans sa trente-sixième année.

---

(1) Nous en avons compté plus de trente à Mazas (*Note de l'auteur*).

BIOGRAPHIE

DE

M. Louis-Bernard BONJEAN

Président à la Cour de Cassation

SUIVIE D'UNE NOTICE

sur

M. Gustave CHAUDEY

Publiciste.

LE PRÉSIDENT BONJEAN

XIII

LE PRÉSIDENT BONJEAN

Louis-Bernard BONJEAN était né le 4 décembre 1804, à Valence (Drôme), d'une ancienne famille de Savoie.

Il soutint sa thèse de docteur en droit à l'âge de vingt-six ans.

Il avait pris part à la Révolution de 1830, et fut un des décorés de Juillet.

Huit ans plus tard, il achetait une charge d'avocat au conseil d'Etat et à la cour de cassation.

« Sa réputation de jurisconsulte éminent, dit un rédacteur du *Monde illustré*, était établie par sa traduction fort appréciée des *Instlutes de Justinien*, et la publication, en 1844, d'un *Traité des actions*, où les origines du droit romain sont savamment et nettement exposées.

« M. Bonjean salua avec ardeur la Révolution de 1848, et fut envoyé à la Constituante par les électeurs républicains de la Drôme. Sa fougue républicaine se calma bientôt cependant. Il fit partie de la réunion alors fameuse de la rue de Poitiers, et se fit remarquer à la tribune par son opposition à Caussidière, alors préfet de police, et à Carnot, qui tenait le portefeuille de l'instruction publique.

« Les électeurs de la Drôme repoussèrent sa candidature à la Législative. L'année suivante, M. Bonjean se présenta sans plus de succès aux élections partielles qui se firent à Paris.

« Les fonctions d'avocat général près la cour de cassation le consolèrent de ces deux échecs politiques.

« En janvier 1851, le président de la République lui confia le ministère de l'agriculture, du commerce et des travaux publics.

« Après le coup d'Etat il passa au conseil d'Etat, où il remplaça M. Delangle en qualité de président de la section de l'intérieur.

« Nommé sénateur en 1857, M. Bonjean se fit remarquer au palais du Luxembourg par le libéralisme de ses discours où brillait son érudition en droit canonique. Il tenait pour les franchises gallicanes, et plus d'une fois son culte pour l'indépendance religieuse a fort embarrassé ses collègues du Sénat.

« M. le président Bonjean. qui encore, malgré ses soixante-six ans, travaillait quatorze heures par jour, était d'humeur simple et bienveillante, sans banalité. Il parlait avec bon sens et ne dédaignait pas de semer d'anecdotes sa conversation, qui ne manquait ni de finesse, ni de charme.

« Avant tout, M. Bonjean était un honnête homme, bien digne de signer la remarquable lettre qu'il écrivait à un de ses amis pendant sa captivité, et que publiait dernièrement *le Quotidien*, de Riom.

« Ce que j'ai fait, je le ferais encore, dit-il à
« son ami, quelque douloureuses qu'en aient été
« les conséquences pour ma famille tant aimée.
« C'est que, voyez-vous, à faire son devoir, il y
« a une satisfaction intérieure qui permet de
« supporter avec patience, et même une certaine
« suavité, les plus amères douleurs. »

« M. Bonjean ne s'illusionnait pas sur le sort que lui réservait la Commune.

« Les paroles du sermon sur la Montagne se présentent sublimes à son esprit : — « Heureux « ceux qui souffrent pour la justice. »

« Sa sérénité en face de la mort prochaine ne quitte point son âme; car, après avoir cité ce mot du divin crucifié, M. Bonjean ajoute : « C'est « la même pensée exprimée par Sydney sous « une autre forme, quand, s'étant pris à rire « en descendant de l'escalier de la Tour pour « porter sa tête sur l'échafaud, il répondit à ses « amis, étonnés de cet accès de gaieté dans un « pareil moment : « Mes amis, il faut faire son « devoir et rester gai, jusqu'à l'échafaud inclusi- « vement. »

« Cette lettre, datée de la prison de Mazas, le 30 avril, complète et dit mieux qu'aucune bio- graphie le caractère du savant infatigable, du magistrat érudit et de l'homme de bien. »

Ses funérailles ont eu lieu le 3 juin dernier à Orgeville (Eure), avec la simplicité qu'il avait demandée expressément dans son testament. Ses trois fils, qui étaient allés chercher ses restes à Paris, étaient entourés, dans la chapelle où se trouve le tombeau de famille, « par un petit nombre » d'amis désolés et par les habitants de ce village, où le président et sa sainte compagne (ainsi qu'il l'a appelée lui-même dans la lettre que toute la France a lue avec émotion) faisaient beaucoup de bien depuis de longues années.

Les autorités du département étaient venues apporter à la famille de la victime des insurgés de Paris le témoignage de leur profonde sympathie.

Conformément à la volonté du savant et courageux président, aucun discours n'a été prononcé sur sa tombe ; mais chacun de ceux qui assistaient à cette triste cérémonie se rappelait que le président Bonjean, orphelin à l'âge de quatorze ans et sans fortune, était arrivé à la haute position qu'il occupait à la cour de cassation par un labeur opiniâtre, dont il a conservé l'habitude jusqu'à ses derniers jours, et qu'il avait, dans de nombreuses circonstances, donné la preuve d'une grande élévation d'esprit, et d'une fermeté de caractère qui n'était ébranlée par aucune menace. Toute la vie du président Bonjean a été inspirée par l'amour du devoir. Si fin, si courageuse et si chrétienne, a dignement couronné sa carrière, et ses fils pourront être fiers de porter son nom.

M. Bonjean avait été premier président à la cour de Riom.

En apprenant sa mort, la cour de cette ville, chambres réunies, a décidé à l'unanimité :

« 1° Qu'une lettre sera adressée en son nom à Mᵐᵉ la présidente Bonjean, pour lui exprimer les douloureuses et profondes sympathies de la compagnie ;

« 2° Qu'un service funèbre, pour le repos de l'âme de M. Bonjean, sera célébré dans la chapelle du palais ;

« Et qu'à ce service seront convoqués, non-seulement les tribunaux ainsi que l'ordre des avocats et les différentes corporations d'officiers publics et ministériels, mais aussi toutes les autorités et tous les fonctionnaires habituellement invités aux solennités judiciaires ; .

» 3° Qu'un portrait de M. le président Bonjean sera placé dans la grande salle des délibérations de la cour. »

A l'audience solennelle tenue par les Chambres réunies de la Cour de cassation pour l'installation du Procureur général, M. Legagneur, doyen des présidents de Chambre, s'est exprimé ainsi :

« M. Bonjean, le travailleur infatigable, enfant de ses

œuvres, qui avait su conquérir, par un labeur incessant, un rang distingué, successivement au barreau, dans nos Assemblées politiques et au sein même de la Cour, qui conservera longtemps le souvenir de son utile collaboration, arrêté violemment, enfermé dans la cellule d'une prison où il attendit pendant des mois dans un calme stoïque et sans abandonner ses études favorites, la triste fin qui le menaçait chaque jour, reçut héroïquement la mort avec les glorieux martyrs de l'Archevêché et du Clergé de Paris. »

M. le Procureur général Renouard, répondant à M. le Président, a dit en parlant de M. Bonjean :

« Parmi les nombreuses catastrophes qui marqueront d'un sceau ineffaçable cette période sinistre de la Commune, il en est une dont les annales de la Cour de cassation sont destinées à ne jamais perdre le sanglant souvenir.

« La postérité frémira de la dérision impie qui, souillant le nom d'otage, a prémédité et exécuté d'odieux trépas. Notre Compagnie a été représentée dans l'abominable holocauste d'hommes inoffensifs et bons. Un de ses chefs a été emporté dans cette tempête soulevée par l'esprit du mal. Le savant, le laborieux, l'infatigable président Bonjean, soutenu par la sérénité courageuse d'une âme restée maîtresse d'elle-même, a partagé les honneurs du martyre avec tant de vénérables prêtres et prélats froidement massacrés. »

Cet éloge prononcé par deux éloquents magistrats nous dispense de rien ajouter sur l'honorable président Bonjean.

M. CHAUDEY

XIV

GUSTAVE CHAUDEY

Le *Siècle* du 27 mai 1871 contenait les lignes suivantes :

« Nous venons d'apprendre une affreuse nouve'le.

« Notre collaborateur, notre confrère, M. Gustave Chaudey, a été fusillé à la prison Sainte-Pélagie.

« Nous ignorons encore les noms des monstres qui ont donné cet ordre.

« Encore un crime à mettre au compte de ces misérables qui se disaient des hommes de parti quand ils n'étaient que des assassins.

« Homme de cœur, publiciste éminent, avocat distingué, Gustave Chaudey avait été nommé adjoint au maire de Paris par le Gouvernement de la défense nationale, et, à ce po te difficile, il avait fait bravement et loyalement son devoir le 31 octobre et le 22 janvier. Il avait défendu l'Hôtel-de-Ville contre les insurgés qui tentaient de l'envahir.

« C'est pour cet acte de légalité et de courage civil qu'il fut signalé à la Commune par le *Père Duchêne*, et arrêté le lendemain de cette odieuse et anonyme dénonciation.

« On peut dire de Chaudey qu'il a aimé et servi la République jusqu'à la mort.

« Cet assassinat sera un deuil pour notre journal, où il ne comptait que des camarades et des amis dévoués. C'est dans les bureaux du *Siècle* qu'on vint arrêter Chaudey. Il pouvait fuir comme tant d'autres, on le lui conseillait même ; mais il repoussa toutes les instances. Il comptait sur sa conscience d'honnête homme, et il croyait à la justice de ses bourreaux. La justice de pareils scélérats !

« Il est mort victime de cette foi dans le droit, auquel il avait voué son existence.

« Pauvre ami ! Tous ceux qui ont connu cette franche et ferme nature seront inconsolables et entre tous celui qui, depuis neuf ans, vivait avec lui dans la plus étroite intimité.

« A M. Henri Cernuschi revenait le douloureux privilége de rendre hommage à ce cher mort qu'il pleurera toujours, et si j'ai osé prendre la plume, c'est parce que l'émotion l'aurait fait tomber de sa main.

« FRÉDÉRIC THOMAS. »

Le *Journal officiel de la République Française*, en annonçant la mort de Gustave Chaudey, faisait l'éloge de cette illustre victime.

Un autre journal lui a consacré ces lignes :

« Avocat et publiciste d'une certaine notoriété, Gustave Chaudey avait été nommé adjoint au maire de Paris par le Gouvernement de la défense nationale. C'est en cette qualité qu'il défendit l'Hôtel-de-Ville contre les insurgés du 31 octobre qui tentaient de l'envahir.

« Les hommes du 18 mars ne lui ont pas pardonné d'avoir fait bravement et honnêtement son devoir pendant cette journée où la Commune faisait sa première tentative d'usurpation de pouvoir.

« C'est pour cet acte de courageux républicain que Gustave Chaudey a été dénoncé par le *Père Duchêne*, le pourvoyeur du fédéré Raoul Rigault.

« Le lendemain de cette dénonciation, Chaudey était arrêté dans les bureaux du *Siècle*. Quelques moments avant son arrestation, ses amis lui conseillaient de fuir, il ne le voulut pas. Fort de sa conscience qui bravait la haine de ses ennemis, Chaudey croyait encore à la justice de la Commune. D'ailleurs, son passé était là pour protester de son républicanisme.

« C'était un ancien exilé du 2 décembre, un défenseur convaincu de l'affranchissement des communes, pour lequel les gens du 18 mars faisaient mine de se battre.

« Chaudey fut enfermé à la prison de Sainte-Pélagie. C'est dans cette prison qu'il a été exécuté le 23 mai, par l'ordre et sous les yeux du procureur de la Commune, le funeste citoyen Rigault.

« C'est dans la nuit, à onze heures du soir, que Raoul Rigault se fait amener Chaudey.

« — Je vous annonce que votre dernière heure est venue.

« — Vous voulez donc m'assassiner? répond Chaudey.

« — On va vous fusiller, et tout de suite.

« L'inflexible procureur auquel Chaudey adressa

cette dernière parole : « Rigault, j'ai une femme
« et un enfant, vous le savez, » le procureur
resta sourd à toute observation, insensible à toute
pudeur humanitaire. Il fit avancer son peloton
d'exécution et la victime fut amené dans un chemin de ronde voisin de la chapelle.

« Une lanterne était accrochée au mur dans un
coin. Le prisonnier fut placé sous ce falot.

« Raoul Rigault tira son sabre et commanda le
feu.

« Le peloton tira trop haut. Chaudey ne fut
que blessé au bras.

« Le greffier Clément, qui assistait son procureur de la Commune, renversa de deux coups de
feu Chaudey, qui tomba en criant : « Vive la
« République ! »

« Un brigadier vint décharger encore son
revolver dans la tête de la victime.

« Les convoi et enterrement de cet honnête
citoyen, que pleure toute la démocratie intelli-
gente, ont eu lieu le 1er juin, à onze heures du
matin. Le deuil était mené par le jeune fils de
Chaudey et par M. Jules Barbier, beau-frère du
défunt. »

Plusieurs discours ont été prononcés sur la

tombe de Gustave Chaudey au cimetière Montmartre : par Mᵉ Rousse, bâtonnier de l'ordre des avocats de Paris, au nom du barreau; par M. Étienne Arago, ancien maire de Paris; par M. Henri Martin, au nom des municipalités parisiennes; par M. Frédéric Thomas, au nom de la rédaction du journal le *Siècle ;* enfin par M. J. Barbier, président de la Société des auteurs dramatiques, dont Chaudey était le conseil judiciaire.

Nous avons retenu dans le discours de M. Arago, les paroles suivantes :

« Et maintenant, Gustave Chaudey, toi qui es mort comme « les grandes victimes du droit et de la liberté, mort comme « Bailly, comme Vergniaud, comme madame Roland, comme « Camille, va rejoindre cette pléiade sacrée de martyrs de la « légende politique que l'histoire inscrit pour toujours à côté « des martyrs de la légende religieuse, martyrs de ces deux « religions qui ne disparaîtront pas plus l'une que l'autre du « genre humain; va rejoindre ces âmes généreuses dans le « monde supérieur de l'éternel et vivant idéal...

« La Patrie adopte ta veuve qui est digne de toi, ton enfant « qui en sera digne...

« Au revoir Gustave Chaudey ! »

La presse de Paris a ouvert une souscription pour élever un tombeau à cette illustre victime.

COMPTE RENDU

DES

FUNÉRAILLES DES OTAGES

DEBER VY

FUNÉRAILLES DES OTAGES

—

EXTRAIT DES JOURNAUX

—

Aujourd'hui 7 juin Paris a entendu le canon. C'était pour annoncer les funérailles de l'Archevêque. Le corps, quittant le palais archiépiscopal, est porté triomphalement à Notre-Dame ; ce corps frappé il y a quelques jours contre le mur intérieur d'une prison, et enfoui avec d'autres à l'angle d'une rue ! Derrière lui marche la France, représentée officiellement par l'Assemblée nationale ; devant lui s'avance la croix, proscrite à vrai dire depuis neuf mois ; car le gouvernement régulier l'avait laissé chasser des écoles, avant que le gouvernement insurgé la fît tomber du fronton des églises et l'arrachât même des autels. La croix revendique et reprend ses droits par le martyre. Il y a une voix du sang et du témoignage qui l'appelle impérieusement. Il faut céder, Dieu le veut. Les barricades s'abaissent, la passion du sauvage s'impose le frein, la passion plus rebelle et plus sourde du lettré s'impose le silence, la croix passe. Vous ferez demain comme il vous plaira, vous comprendrez ou vous ne comprendrez pas, vous changerez de voie ou vous continuerez dans votre voie mauvaise : mais voici un martyr, e vous laisserez passer la croix !

Il y a deux grandes palmes sur ce cercueil, deux palmes immortelles. La palme de l'obéissance est unie à celle du martyre. Avant de mourir avec cette sérénité qui accepte et qu pardonne, l'archevêque avait fait un acte de foi et d'humilité plus précieux même que sa mort. Entre la captivité du siège et la captivité de la prison, il s'est soumis à un décret de l'Église qu'il avait combattu. C'est la gloire de sa vie, sa couronne plus resplendissante que la couronne de sang, le triomphe de son âme sacerdotale. C'est par là qu'il a sauvé son Église, et qu'il obtiendra de Dieu pour son peuple un autre pasteur qui le gardera dans la foi.

Que la mémoire de Georges Darboy, archevêque de Paris, témoin de Pierre, vicaire du Christ, et témoin du Christ, fils unique de Dieu, soit bénie à jamais!...

(Univers.)

Une foule nombreuse s'était portée sur le chemin que devait parcourir le funèbre cortége. Dès le matin, le palais archiépiscopal de la rue de Grenelle-Saint-Germain était l'objet d'un véritable pèlerinage. Tous les fonctionnaires, les députés, les prélats venus de Versailles pour assister aux funérailles, se rendaient à la chapelle ardente.

A dix heures et demie, le cortége se mit en marche et suivit la rue de Bourgogne et les quais, jusqu'au parvis Notre-Dame.

Le corps de Mgr Darboy n'a pas pu être porté à bras et la figure découverte, ainsi qu'on l'avait dit, car avant-hier il a fallu procéder à la mise au cercueil. L'archevêque n'ayant pu être embaumé que trois ou quatre jours après sa mort, cet embaumement n'a produit aucun effet et force a été de le transporter sur un char et dans un double cercueil.

Dès neuf heures du matin, les troupes qui devaient former le cortége se massent sur la place des invalides, rue de l'Université, place et rue de Bourgogne et sur le quai d'Orsay.

Six coups de canon annoncèrent la sortie du cortége du palais archiépiscopal.

Le 1er régiment de cuirassiers, qui formait la tête, se mit en mouvement. Venait ensuite le général Vinoy et son état-major: le 3e régiment de chasseur d'Afrique, deux généraux de brigade, le 23e régiment des chasseurs de Vincennes, le 39e de ligne, musique en tête, le 48e, et quatre voitures de deuil dans lesquelles ont pris place les chanoines du chapitre métropolitain.

Enfin, la croix, la crosse, la mitre, le bougeoir et le pontifical des archevêques de Paris, portés par de jeunes prêtres, précédant le char, attelé de six chevaux richement caparaçonnés et conduits à la main par des palfreniers en grande livrée et portant les restes mortels de Mgr Darboy.

Le frère du défunt et des parents et amis de la famille suivent à pied, dans le plus profond recueillement.

Ils sont suivis par une députation de l'Assemblée nationale, par les consistoires israélite et protestant, par des académiciens, des artistes, des membres de la chambre de commerce et des commerçants du faubourg Saint-Germain.

Viennent ensuite le char portant les restes de Mgr Surat, attelé de quatre chevaux, le 38e de ligne, une batterie d'artillerie et trois escadrons des 8e et 9e de cuirassiers qui ferment la marche.

La foule est immense sur tout le parcours; la place du Parvis est inabordable.

Dès six heures du matin, toutes les tribunes de l'immense basilique sont remplies d'assistants.

Personne ne pénètre plus dans l'église. La façade est entièrement tendue de noir.

A la porte, le chapitre de Notre-Dame, les curés de Paris et leur clergé reçoivent le corps de l'archevêque, qui est porté processionnellement sous le catafalque qui lui a été élevé et autour duquel l'attendaient les corps de ses infortunés compagnons, le curé de la Madeleine et les trois pères Jésuites fusillés avec lui.

Sur les marches de l'Hôtel-Dieu, une foule compacte entoure les sœurs de charité qui stationnent au dernier rang.

La tristesse est sur tous les visages à Notre-Dame, et des torchères, à l'esprit de vin, qui brûlent sur toute la longueur de la grande nef, ajoutent encore au milieu de ces tentures noires, à l'émotion qui se lit sur tous les visages.

La chaire et la stalle de l'archevêque sont voilées de longs crêpes noirs à crépine d'argent.

Tout en haut de l'église, sur des écussons appendus à intervalles égaux, on lisait ces dates funestes :

22, 23, 24, 25 MAI 1871

ainsi que les noms des malheureuses victimes de ces horribles journées.

Le corps de Mgr Darboy, pendant la cérémonie, était disposé sous un dais magnifique aux coins duquel se trouvaient quatre anges, la main sur la figure en signe de deuil. — Le corps de

Mgr Surat reposait à droite et celui de M. l'abbé Deguerry à gauche, sous deux catafalques. Les vêtements sacerdotaux des malheureuses victimes étaient déposés sur leur cercueil.

Au fond de l'église se tenait le général Laveaucoupet, entouré de son état-major. C'est lui qui commandait les forces militaires pour la triste cérémonie.

Dans le chœur étaient placés le maréchal Mac-Mahon, les généraux de Cissey, Susbielle, ainsi que l'amiral Saisset accompagnés de leurs états-majors. Auprès d'eux se trouvaient MM. Jules Favre, Jules Simon, Grévy, Daru, Picard, Léon Say et d'autres encore.

De chaque côté des catafalques étaient les députés au nombre de deux cents au moins. Dans la grande nef, plus près de la grande porte d'entrée, les membres de l'Institut, parmi lesquels le baron Taylor et M. Camille Doucet.

Plus loin, sur le côté opposé, plusieurs généraux entourés d'officiers de tous grades. Derrière ceux-ci, la Société des sauveteurs de Paris.

Pendant la bénédiction, les clairons et les tambours sonnaient et battaient aux champs. La musique de la garde républicaine s'est fait entendre à diverses reprises.

La cérémonie s'est terminée par cinq absoutes données successivement par les évêques de Versailles, de Coutances, de Châlons, de Bagneux et en dernier lieu par Mgr Chigi, nonce du pape.

Le prélat officiant était Mgr Alouvri, ancien évêque de Pamiers, remplaçant le doyen d'âge, Mgr Allot, évêque de Meaux, empêché par indisposition.

L'évêque de Troyes était avec le chapitre.

Le *Miserere* de Mozart a été joué à la fin de la cérémonie. Le hasard a produit à ce moment un effet grandiose. Un coup de canon, dont la vibration s'est longtemps prolongée sous les voûtes, a pointé la dernière note du morceau.

La foule s'est retirée en silence, et le cercueil a été descendu dans le caveau des archevêques de Paris.

LISTE OFFICIELLE

DES OTAGES ASSASSINÉS AVEC MGR L'ARCHEVÊQUE DE PARIS

—

Mgr Darboy, archevêque de Paris. — Mgr. Surat, protonotaire apostolique, vicaire général de Paris.— L'abbé Deguerry, curé de la Madeleine. — L'abbé Bécourt, curé de Notre-Dame-de-Bonne-Nouvelle. — L'abbé Sabatier, deuxième vicaire de Notre-Dame-de-Lorette. — L'abbé Allard, prêtre libre, aumônier d'ambulance. — L'abbé Planchat, aumônier du patronage de Sainte-Anne, à Charonne. — Le R. P. Houillon, prêtre de la Congrégation des Missions étrangères. — M. Seigneret, séminariste de Saint-Sulpice. — Les RR. PP. Ducoudray, Olivaint, Clerc, Caubert, de Bengy, de la Compagnie de Jésus. — Les RR. PP. Radigue, Tuffier, Rouchouze, Tardieu, de la Congrégation des S.-C. de Jésus et de Marie. (Maison de Picpus.) — Les RR. PP. Captier, Bourard, Cotrault, Delhorme, prêtres, Chatagneret, sous-diacre, dominicains de l'école libre Albert-le-Grand, à Arcueil.

MM. Bonjean, président à la cour de cassation. — Chaudey, publiciste. — Jecker, banquier. — Gauquelin, Volant, Petit, maîtres auxiliaires à l'école libre Albert-le-Grand (à Arcueil). — Aimé Gros, Marce, Cathala, Dintroz, Cheminal, serviteurs de l'école libre Albert-le-Grand (à Arcueil).

MM. Genty, maréchal des logis de gendarmerie. — Bermont, Poirot, Pons, brigadiers de gendarmerie. — Bellamy, Chapuis, Doublet, Ducrot, Bodin, Pauly, Walter, gendarmes. — Keller, Weiss, gardes de Paris.

(*Journal officiel.*)

Il faut ajouter à ces noms :

MM. Derest, ancien officier de paix. — Largillière, sergent-fourrier. — Moreau, garde national. — Belanuy, Biancherdini, Biolland, Burtolei, Breton, Cousin, Coudeville, Colombani, Dupré, Fischer, Garodet, Geanty, Jourès, Marchetti, Mangenot, Margueritte, Mannoni, Mouillie, Marty, Millotte, Paul, Pourtau, Salder, Vallette, gardes de Paris.

NOTES JUSTIFICATIVES

NOTE A

A M. Ordioni de Casa-Macciole.

Monsieur,

Je vous offre mes remercîments sincères pour l'envoi de votre brochure, intitulée : *Notice sur les prêtres du diocèse de Paris, massacrés à la prison de la Roquette.* Je regrette seulement que vous ayez confondu bien des faits. C'est dommage ! Car ces brochures animées d'un bon esprit comme celui qui existe dans votre travail font du bien.

Je ne puis vous signaler dans une lettre les inexactitudes. Il faut une conversation.

Recevez, Monsieur, l'assurance de ma considération respectueuse.

Paul PERNY,
de la Congrégation des Missions étrangères,
l'un des otages de la Commune.

Nous nous sommes rendu à l'invitation du R. P. *Perny*, et nous avons reconnu notre erreur concernant les circonstances de l'arrestation de son confrère le R. P. *Houillon*, que nous avions confondue avec celle du R. P. *Guérin*. Nous avons fait disparaître dans cette nouvelle édition les inexactitudes de notre premier récit.

Le R. P. *Perny* a publié sur sa captivité des Mémoires très-remarquables, intitulés : *Deux mois de prison sous la Commune.* Nous avons consulté son livre qui rectifie les diverses narrations qui ont été publiées sur la mort des otages.

Nous regrettons que le cadre de notre ouvrage ne nous ait point permis d'y insérer les lettres si intéressantes de MM. Bayle, vicaire général de Paris, Lesmoyoux, premier vicaire de Notre-Dame-de-la-Gare, du R. P. Matignon, et de divers autres otages échappés aux massacres ordonnés par la commune. On y trouve des détails vraiment édifiants.

Nous nous bornerons à mettre sous les yeux du lecteur deux lettres qui ont été écrites par MM. Amodru et Lamazou, pour ainsi dire le jour même où se sont passés les terribles événements dont elles font le récit, car ces lettres constituent un véritable témoignage historique.   C. O.

I

Lettre de M. l'abbé Lamazou, vicaire de la Madeleine, ex-prisonnier à la Roquette.

« Paris, le 28 mai 1871.

« Nous sommes sortis ce matin même de la prison de la Roquette, dix ecclésiastiques, quarante sergents de ville et quatre-vingt-deux soldats, après avoir échappé à la mort par un vrai prodige d'audace et de sang-froid.

« Prisonnier du comité de salut public à la Conciergerie, à Mazas et à la Roquette, je serai aujourd'hui sobre de détails sur les faits révoltants, monstrueux, dont cette dernière prison a été le théâtre, et qui lui assurent désormais une place à part parmi les lieux les plus sinistrement célèbres. Pour en signaler un entre cent, un vicaire de Notre-Dame-des-Victoires et moi nous avons passé une demi-heure, le jeudi 25 mai, à nous préparer à être fusillés.

« Ce n'était qu'une fausse alerte, et les agents de la Commune, chargés de ces aimables invitations, consolaient ceux qui en étaient l'objet en leur assurant que ce qui n'avait pas eu lieu la veille ne manquerait pas d'arriver le lendemain. On devait simplement traduire un de nos voisins devant une espèce de cour martiale qui siégeait au greffe de la prison, et qui se composait de citoyens principalement remarquables, les uns par leur abrutissement, les autres par leur férocité.

« Depuis l'atroce exécution de Monseigneur l'archevêque de Paris, de M. le curé de la Madeleine, de M. le président Bonjean, de M. Allard, ancien missionnaire, et des
PP. jésuites Clerc et Ducoudray, qui a eu lieu le mercredi 24 mai, dans un coin de la cour extérieure de la
prison, sans motif, sans jugement, sans procès-verbal, en
présence d'un délégué de la Commune qui n'avait d'autre
mandat que le revolver au poing, et d'une cohue de gardes
nationaux qui n'eurent à manifester d'autres sentiments
que de révoltants outrages, sans aucun respect pour les
corps de ces nobles victimes, qui furent dépouillés de
leurs habits, entassés sur une vulgaire charrette et jetés
dans un coin de terre à Charonne, il était évident qu'aux
actes burlesques de la Commune allaient succéder les
actes destructeurs et sanguinaires, et que les otages qui
avaient été conduits de Mazas à la Roquette le lendemain
de l'entrée des troupes versaillaises à Paris, étaient des-
tinés à subir le même sort.

« Le vendredi 26 mai, 38 gendarmes et QUINZE (1)
prêtres avaient été conduits au Père-Lachaise pour y être
passés par les armes. Le jour suivant, comme l'armée ver-
saillaise abordait les hauteurs du Père-Lachaise, où l'on
avait dressé cette infernale batterie qui devait réduire en
cendres les plus beaux monuments de Paris, on donna
l'ordre de fusiller les prêtres, les soldats et les sergents
de ville que renfermait encore la prison.

« Les membres de la Commune, qui s'obstinaient dans
leur horrible besogne, s'étaient installés au greffe de la
Roquette.

« Je pouvais, de ma cellule, suivre leurs délibérations,
et j'affirme qu'il ne doit pas y avoir de cabaret mal famé
où la tenue ne soit plus édifiante.

« A trois heures et demie, le pourvoyeur de ces exécu-
tions signifiait aux habitants du second et du troisième
étage l'ordre de descendre. Cédant à une généreuse inspi-
ration d'humanité, un gardien de la Roquette, dont le
nom doit être connu du public, M. Pinet, ouvrait avec
rapidité toutes les cellules, et déclarait qu'il était affreux
de voir ainsi fusiller d'honnêtes gens par d'ignobles ban-

(1) Rectification de l'auteur.

dits ; qu'il allait sacrifier sa vie pour la nôtre, si nous voulions leur opposer une énergique résistance.

« Cette proposition fut accueillie avec ardeur ; chacun improvisa une arme de fer ou de bois ; deux solides barricades furent établies à l'entrée des portes du troisième étage ; une ouverture fut pratiquée au plancher pour communiquer notre résolution à l'étage inférieur, où les sergents de ville méditaient le même dessein. Sous la direction du gardien Pinet et d'un zouave entreprenant, le pavillon de l'est devenait une véritable forteresse.

« La Commune, qui devait parodier et même dépasser tout ce qu'il y avait d'odieux et de grotesque dans la révolution de 1793, laissait pénétrer dans la cour cette ignoble populace qu'on ne voit à Paris que dans les jours sinistres, pour lui ménager le spectacle d'une nouvelle journée de Septembre.

« Pendant qu'elle proférait des menaces, quelques-uns des gardes nationaux, chargés de nous fusiller, montèrent au troisième étage, annonçant qu'on allait faire sauter la prison par la mine ou la réduire en cendres avec leur épouvantable artillerie du Père-Lachaise, et mirent le feu à une de nos barricades pour nous asphyxier. L'incendie fut bientôt éteint. Un détail que je tiens à ne pas oublier : l'individu qui agitait son fusil de la manière la plus cynique était un des condamnés à mort par la cour d'assises de la Seine qui se trouvaient à la Roquette, et les détenus qui s'étaient fait ouvrir la porte quittaient la prison au cri enthousiaste de : Vive la Commune !

« Notre énergique résistance causa une vive émotion à la Commune, qui s'enfuit, elle aussi, du côté de Charonne et de Belleville. La foule, impressionnée par cet exemple, suivit la Commune, et les portes de la prison purent être fermées. Nous étions à moitié sauvés, grâce à la déroute qui s'ensuivit ; c'est alors que, passant de la menace à la séduction, la populace restée devant la Roquette se mit à crier : Vive la ligne ! assurant qu'elle voulait simplement rendre la liberté à tous les prisonniers. Quatre ecclésiastiques et dix-huit soldats se laissèrent abuser par ces promesses ; ils furent fusillés aussitôt contre un des murs de la prison, et les corps des quatre prêtres servirent de couronnement à la barricade voisine.

« Pendant la nuit, une garde sévère fut établie dans les deux étages ; les cris menaçants proférés à l'extérieur n'effrayèrent personne. Enfin, dimanche 28, au lever du jour, la fusillade des troupes de Versailles, dont nous suivions le crépitement avec une émotion plus facile à comprendre qu'à exprimer, nous annonçait leur approche ; à cinq heures un quart, la barricade placée en face de la Roquette était emportée d'un élan, et les soldats d'infanterie de marine prenaient possession de la prison.

« Nous étions rendus d'une manière tout à fait inespérée à la vie, après quatre jours de l'agonie la plus cruelle qui se puisse imaginer.

L'abbé LAMAZOU, *Vicaire de la Madeleine.*»

II

Lettre de M. l'abbé Amodru, vicaire de Notre-Dame-des-Victoires, ex-prisonnier de la Roquette, au P. de Pontlevoy, provincial de la Compagnie de Jésus.

« Mon très-révérend Père,

« Je regrette vivement de n'avoir pu assister au service funèbre de vos bons Pères, qui furent comme moi prisonniers à la Roquette.

« Je les ai vus, je leur ai parlé, je les ai admirés dans la prison.

« Ils étaient tous calmes et souriants comme à l'aurore d'un beau jour.

« J'ai pu converser pieusement, pendant un quart d'heure, avec le P. de Bengy, qui n'avait rien perdu de sa sérénité

« Le P. Olivain surtout m'édifiait par son calme et sa résignation. A le voir, on eût dit qu'il prenait sa récréation dans une maison de la Compagnie.

« Il était sans gêne, et une sorte de joie intérieure transfigurait tout l'ensemble de sa physionomie. Je m'approchai de lui, le 26 mai, pour lui présenter mon respect et lui dire que jusqu'au 17 mai, jour de mon arrestation, nous avions prié publiquement et solennellement, à No-tre-Dame-des-Victoires, dans l'intérêt de tous les prêtres prisonniers. Il fut sensible à cette attention et en parut très-touché. Quelques instants après, il était avec Monsei-gneur Surat; je crus m'apercevoir qu'il se confessait tout en se promenant avec lui.

« J'ai parlé à votre bon P. Caubert, le même jour et à peu près dans le même sens. Hélas! je ne savais pas que le soir même, 26 mai, il ne serait plus de ce monde; mais nous nous attendions tous à mourir.

« Dans la courte exhortation que M. le curé de Saint-Sulpice a bien voulu adresser aux fidèles, en présence du corps de vos glorieux défunts, il dit qu'il n'hésite pas à les considérer comme des martyrs mis à mort en haine de la foi.

« Ma conscience me fait un devoir de confirmer ce té-moignage par un fait qui m'est personnel et dont je ga-rantis l'authenticité.

« Le jour où l'on me transféra, en une voiture cellu-laire, de la Conciergerie à Mazas, je fus interrogé au greffe. Le chef du bureau me demanda et écrivit devant trois autres employés mon nom, celui de mon père, celui de ma mère, celui de mon pays, et enfin il m'interrogea sur ma profession, que mon habit ecclésiastique désignait suffisamment. Je répondis : Prêtre, vicaire à Notre-Dame-des-Victoires. « *C'est le délit,* ajouta-t-il. — Si c'est le dé-« lit, lui dis-je, inscrivez-le deux fois et bien lisiblement; « je suis prêtre et vicaire à Notre-Dame-des-Victoires. » Puis, je m'approchai du registre, sans y être invité, pour m'assurer qu'on avait bien tenu compte de ma réclama-tion. Ils parurent surpris de mon indiscrétion, qui m'a permis de constater une surcharge qu'on trouvera sur les registres de Mazas, s'ils existent encore.

« Par ce fait, vous pourrez, mon très-révérend Père, juger du délit de vos chers et vénérés défunts.

« Je prie le Père Bazin, seul survivant de tous les vô-tres, de bien se souvenir qu'il a été prisonnier avec moi dans la 3e section, au 3e étage, particulièrement placé sous la protection de Notre-Dame-des-Victoires.

« Pas un seul des quatre-vingt-deux soldats qu'on voulait fusiller et qui se trouvaient dans cette section n'a été frappé, pas un seul des dix prêtres qu'on y avait emprisonnés n'a été touché.

« De toute la prison, c'est la seule section qui n'ait eu à déplorer aucune victime. Je publierai prochainement le récit exact et circonstancié de notre résistance et de notre délivrance. Les noms des soldats et des prêtres y seront fidèlement rapportés. Je m'occupe à les recueillir tous.

« J'ai l'honneur d'être, mon très-révérend Père, votre, etc.

AMODRU,
Vicaire à Notre-Dame-des-Victoires.»

Compte rendu de quelques Réunions populaires tenues au Vauxhall, à la Redoute et au Pré-aux-Clercs.

Le journal *le Français* publiait le 4 septembre 1868, sous la signature de François BESLAY, en rendant compte d'une réunion publique du Vauxhall, ces réflexions :

« Un orateur, M. Ordioni, ayant prononcé les mots foi « chrétienne, » dans la séance de lundi dernier, a dû descendre de la tribune devant une explosion de protestations.»

M. C.-D. Cazeaux donnait dans le journal *le Pays*, du 24 novembre 1868, le compte rendu suivant d'une réunion publique présidée par Raoul Rigault :

« M. Ordioni rappelle la tolérance ou la prohibition dont le divorce a été l'objet sous les divers gouvernements de la République, du premier Empire et de la République de 1848. Il l'accepterait, si sa foi religieuse ne lui faisait un devoir de le repousser.

« Il fait des allusions réitérées à la foi chrétienne, qu'il défend, et soulève ainsi de vives protestations. Il est contraint de quitter la tribune. »

L'un des secrétaires de la rédaction du même journal, M. A. Lomon, publiait, le 29 décembre 1868, le compte rendu d'une réunion publique de la Redoute, présidée par Lefrançais, et on lisait les passages suivant :

« M. Ordioni a la parole: (Rumeurs; manifestations hostiles à cet orateur.) Il ne peut prononcer que des phrases entrecoupées. Les huées, les sifflets, les cris : Assez, c'est un jésuite! l'interrompent à chaque instant.

« Messieurs et mesdames, dit-il. (Bruit. — Dites : Citoyens.) Citoyens et citoyennes si vous voulez, ça m'est égal... M. Briosne vous a dit que le droit de réunion lui paraissait un danger; à moi aussi, mais pas pour le même motif. Si notre droit est compromis, c'est grâce au manque de netteté des programmes débités ici. (Tumulte.) L'orateur, toujours interrompu, reproche à M. Briosne son mysticisme. Il combat ses propositions. Il voudrait un impôt du travail (Tempête), c'est-à-dire que tous les citoyens soient astreints au travail. Ce serait l'organisation du travail. (Quelques bravos.)

« Mme PAULE MINCK. — Citoyens, Citoyennes (Quatre salves de bravos), M. Ordioni a toujours représenté dans nos réunions l'idée cléricale; il a toujours fait partie de ces soi-disant libéraux dont je me défie beaucoup. (Rires.) Rien n'est mauvais comme l'adjonction du libéralisme au cléricalisme. (Bravos.) Le catholicisme et la liberté ne peuvent vivre ensemble. La révélation s'y oppose. (Rires, bravos.) Qui dit clérical dit autoritaire. Le bon Dieu et tout ce qui s'ensuit force à cela. (Rires.) Qui dit démocrate, au contraire, dit amant de la liberté de l'intelligence avec ou sans tous les saints. (Rires et bravos.)

« Puis M. Ordioni est un de ceux qui disent : Quand nous serons au pouvoir, — et ça peut venir dans peu, ajoutent-ils, moi j'espère que non. (Rires) — eh bien! alors nous donnerons la liberté... Oui, ils veulent la liberté pour eux (Rires.) M. Ordioni veut que tout le monde travaille... Eh bien! les prêtres travailleront-ils? (Cinq salves d'applaudissements.) Est-ce que par hasard ils trouveraient que le Saint-Sacrifice... (Bruit. — Quelques protestations.) Croiraient-ils par hasard que parce qu'ils auront lu leur bréviaire pendant quelques heures..., car ils ne le lisent pas toute la journée (Rires.); ils aient assez travaillé?

« Que les cléricaux s'expliquent donc et qu'ils nous disent : Nous voulons le travail pour tous, y compris les prêtres, les moines, les frères ignorantins et de toutes les doctrines, et aussi les religieuses, bien entendu. Je parle à leur point de vue, aux cléricaux; mais dans l'état social que nous rêvons, il est évident qu'il n'y aura plus ni religieux, ni moines, ni religieuses ; il est évident que les couvents et les églises seront *rasés*. (Bruit et bravos.) Maintenant M. Ordioni a parlé de l'impôt du sang. Mais cet impôt, par qui est-il payé? par le prolétariat! Le bourgeois s'en tire très-bien en se faisant racheter...

« UNE VOIX. — Vous ne connaissez pas la loi alors! (Bruit.)

« Mme MINCK. — Quant au paysan, il y échappe en se faisant prêtre, frère ignorantin, etc... (Rires et bravos.) Ah! si M. Ordioni veut l'impôt du sang, qu'il le veuille au moins pour les prêtres, les moines, etc., etc..., comme pour les prolétaires (Salves de bravos.)! et que nous ne voyions plus de ces immenses maisons qui renferment des jeunes gens qui seraient mieux dans la vie civile au lieu d'aller s'enterrer dans un froc quelconque qui nous enveloppe tous avec eux (Salves prolongées de bravos).

« M. Ordioni réclame la parole pour un fait personnel. (Rumeurs, protestations.) J'ai été traité de clérical, dit-il, le jour où, dans une discussion sur le travail des femmes, j'ai répondu à Mme Minck, qui, dans le but de se rendre populaire, a parlé d'anéantir celle que l'immense majorité des Français vénère comme la Mère de Dieu. (Explosion de rires ironiques, exclamations injurieuses, clameurs, tapage.)

« On empêche l'orateur de parler ; mais il déclare qu'il

ne quittera pas la tribune avant de s'être expliqué. Le président consulte l'assemblée, qui décide... qu'elle entendra M. Ordioni.

« Celui-ci affirme qu'il ne fait que se défendre contre les attaques de Mme Minck.

« UNE VOIX. — Vous connaissez le P. Loriquet?

« M. ORDIONI. — Je ne le connais pas.

« Le tumulte recommence; l'impatience s'empare de l'orateur; il quitte la tribune; on l'applaudit.

« Mme Minck proteste contre les accusations de M. Ordioni. On l'applaudit.

« M. Ordioni, au milieu du bruit que ne manque pas de soulever son apparition à la tribune, essaye de réfuter M. Briosne; mais chacun de ses mots, pour ainsi dire, est accueilli par une interruption. Il s'élève surtout contre tous ces partages dont a parlé M. Briosne. Dans quinze ans, dit-il, ce serait à recommencer. (Sifflets, rumeurs.)

« M. BRIOSNE. — Je n'ai pas parlé de partage; j'ai parlé de liquidation.

« M. ORDIONI. — Soit. Je me suis trompé; mais qui dit liquidation, dit partage. (Bruit.) Du reste, ceux qui ont tenté de mettre en pratique les théories de M. Briosne n'ont pas réussi, et leur inventeur n'a pas eu de bonheur. (Son nom! son nom!) C'est Babeuf.

« Passant à l'instruction des ouvriers, l'orateur énonce qu'on ne peut aujourd'hui, en France, dire qu'elle est refusée (Oh! oh! — Rumeurs). L'instruction du premier degré est donnée à toutes les communes (Non! non! — Vociférations, tumulte indescriptible).

« M. ORDIONI. — Je défie que personne puisse venir me

dire ici : J'ai un enfant, et cet enfant, je ne puis pas lui donner l'instruction primaire (Tempête de cris). Enfin, le citoyen Briosne a parlé de la coalition du travail contre le capital. Eh bien ! je crois.... que les travailleurs ne pourraient pas vivre et seraient ruinés avant les capitalistes (Tumulte extraordinaire, huées, cris).

« M. Ordioni est obligé de quitter la tribune.

« Cinq minutes de tapage, puis la parole est à M. Victor Chaniot. »

Ces différents extraits de journaux expliquent pourquoi l'auteur de ce livre devait être arrêté comme otage par la Commune de Paris.

Les Raoul Rigault, les Ferré, les Gaillard, les Lefrançais connaissaient de longue date les opinions religieuses de celui dont ils voulaient faire une victime.

Mais l'homme propose et Dieu dispose.

La lettre suivante, adressée au *Petit Moniteur*, explique par quels moyens celui qui écrit ces lignes a pu échapper à la mort :

« Monsieur le rédacteur,

« J'ai été arrêté au commencement d'avril, par ordre du sieur Lefrançais, membre de la Commune, pour servir d'otage.

« Après avoir été détenu pendant vingt jours à la préfecture, j'avais été écroué, en dernier lieu, à Mazas. Cette prison avait déjà reçu divers obus dans la soirée de mercredi. Jeudi matin, mon voisin de cellule (4e division, n° 173) venait d'être grièvement blessé. Ses gémissements me fendaient l'âme. Je fis alors appel aux sentiments d'humanité du gardien de la division (1), le priant de me

_____

(1) Le sieur Lécole, agent secret de la Commune.

faire transférer dans un des cachots du rez-de-chaussée, où il y aurait moins de danger d'être atteint par les bombes. Je reçus cette sinistre réponse : « Ne crains rien, ton affaire sera bientôt faite. » J'entendis alors dans la galerie des pas cadencés d'hommes armés. Je crus que l'heure fatale avait sonné, et j'essayai d'écrire un suprême adieu à ma famille.

« Mais la Providence allait bientôt manifester sa miséricorde envers moi.

« Ce cri: *Ouvrez les cellules!* retentit comme un signal de salut. Un de mes compatriotes vint m'annoncer avec mystère que le directeur de la prison, le sieur Garreau, allait être bientôt fusillé. Je n'osais le croire, et cependant c'était la vérité, puisque le cadavre de ce misérable gisait encore, hier dimanche, étendu dans la cour de la prison.

« Je fus un des premiers à franchir les grilles extérieures. Mais je n'avais pas fait deux pas, que des gardes nationaux s'emparent de moi et m'entraînent de force à la barricade de la rue de Lyon, en mettant entre mes mains un mauvais fusil à piston.

« Je remarque autour de moi un tambour-major de la garde nationale, Marié, et le sieur Bardet, marchand de chansons, saisis de frayeur.

« Je leur propose de m'accompagner dans une maison voisine, où nous trouverions, leur dis-je, les munitions qui nous seraient nécessaires.

« Ma proposition est accueillie, et grâce à ce stratagème, je pus m'éloigner du théâtre de la lutte.

« Nous nous dirigeons du côté de Bercy par le quai de la Râpée. Je dépose mon arme dans un des bureaux de l'Entrepôt; puis, espérant gagner la porte de Vincennes, nous tournons à gauche.

« En suivant la route stratégique, nous rencontrons le commandant du 131e bataillon, qui nous fait arrêter comme suspects, et consigner dans un des postes voisins. — L'ordre est donné de m'appuyer au mur du bâtiment-caserne, et douze insurgés à mine farouche, commandés par un pompier, chargent leurs fusils en notre présence. Tout espoir me paraît alors perdu. Cependant j'élève la voix avec fermeté, et je demande à être jugé par le comité de l'arrondissement. Un lieutenant, dont je regrette d'ignorer le nom, a le courage de dire très-haut qu'il est juste de faire droit à ma demande. Il avait parcouru mes papiers et avait constaté que j'avais fait partie de l'armée des Vosges. De mon côté, je déclare être sujet italien, et grâce à cet heureux mensonge, des Français me font grâce de la vie.

« Toutefois, je suis escorté avec mes compagnons jusqu'à la barrière du Trône, et sur tout notre parcours du chemin, la foule irritée profère des menaces de mort. Le chef de poste de la barrière du Trône, après un interrogatoire sommaire, ordonne notre mise en liberté.

« Les péripéties de cette funeste journée étaient encore loin d'être terminées. La lutte était terrible et acharnée près de la Bastille, et il m'était impossible de dépasser le boulevard Beaumarchais pour rentrer à mon domicile. Je frappe à la porte d'un de mes amis de la rue Amelot, qui s'était réfugié dans sa cave, et c'est dans ce lieu sûr que j'ai vécu, presque sans nourriture, pendant quarante-huit heures.

« Quand la dernière barricade de la Bastille fut enlevée, j'étais définitivement sauvé.

« Ordioni (de Casa-Macciole),

« avocat. »

POST-SCRIPTUM

Afin de compléter le récit de notre délivrance de Mazas, nous ajouterons ici, comme conclusion, quelques nouveaux détails sur notre captivité en qualité d'otage de la Commune, et sur les derniers jours de la néfaste insurrection qui a causé tant de désastres!

Les hommes de la Commune ont traité tous les otages indistinctement comme de véritables criminels, les tenant au secret et les surveillant jour et nuit.

Néanmoins, les otages, a dit l'un d'entre eux, l'honorable président Bonjean, ont été de tout temps considérés comme des victimes, et non comme des coupables.

Chez les peuples anciens, les otages étaient libres dans leurs demeures, recevaient leurs amis, continuaient leurs travaux.

Sous la première République, les otages étaient réunis et conversaient ensemble.

Les Prussiens eux-mêmes, qui se sont montrés si implacables contre la France dans la guerre de 1870, ont traité les otages qu'ils ont faits avec certains égards. Mais les chefs de l'insurrection de 1871 ont voulu se montrer les dignes émules des plus grands tyrans dont l'histoire fasse mention.

Le douloureux souvenir des quarante-deux jours de captivité que nous avons subie sous leur affreuse domination, n'ayant pour toute nourriture qu'un morceau de pain noir et de l'eau non potable, et des dangers auxquels nous avons été exposé, sera continuellement présent à notre esprit

Comment décrire ici les tristes impressions de notre âme, quand nous vîmes aux portes de la prison de Mazas plus de trente Frères des Ecoles chrétiennes, et avec eux un grand nombre d'adolescents, entraînés de force aux barricades et conduits à une mort certaine?

Et lorsque nous pûmes nous éloigner, malgré une pluie

d'obus et de projectiles, du théâtre de la lutte, quelle ne fut pas notre émotion en jetant les regards autour de nous pour diriger nos pas? Le ciel projetait des reflets sinistres jusque-là inconnus; de larges langues de feu se détachaient sur des nuages de fumée étendant leurs bras noirs comme des fantômes. Devant nous, c'étaient les magasins du Grenier d'abondance, devenus un monceau de cendres: plus loin, l'Hôtel-de-Ville et les Tuileries étaient la proie des flammes! De tous côtés l'incendie exerçait ses plus affreux ravages.

Exténué d'émotion, de faim et de fatigue, après avoir échappé à mille périls, nous étions amené par les événements de la journée, à trois heures du soir, place de la Bastille. L'insurrection avait concentré alors ses forces sur ce point.

Un excellent homme, M. A. Romand, et sa courageuse compagne nous offrirent un asile dans la maison qu'ils habitent, à quelques pas de la colonne de Juillet, et qui était occupée par les fédérés; l'état-major d'un de leurs bataillons y avait établi son quartier-général. En face, près de la rue Sedaine, à côté, sur le boulevard Richard-Lenoir, et plus près encore, à l'entrée de la rue Amelot, s'élevaient trois formidables barricades.

Les batteries de l'armée de Mac-Mahon, solidement établies au pont d'Austerlitz et sur divers autres points convenablement choisis, dirigeaient un feu très-nourri sur les positions des insurgés.

Notre maison devint le point de mire de l'artillerie, et nous dûmes, avec tous les locataires (1), descendre au plus vite dans les caves.

L'interruption des communications dans le quartier avait fait manquer les vivres depuis le matin.

Nous rationnons, comme dans une place assiégée, les provisions qui étaient restées la veille. Des insurgés nous font néanmoins passer un peu de pain, que nous acceptons.

Notre cour ne tarda pas à devenir pour eux une ambulance. On entendait distinctement les gémissements des blessés et les soupirs étouffés des mourants, et la voix d'un chef exhorter ainsi ses compagnons : *Les ennemis ne font pas de quartier; si nous ne pouvons vaincre, sachons du moins mourir*, puis donner des ordres pour faire apporter des barils de poudre, ajoutant *qu'on ferait tout sauter quand la position ne serait plus tenable.*

D'autres bruits sinistres circulent au milieu de nous.

On répète tout bas que la place de la Bastille, ainsi que le Canal, sont minés, et qu'il faut s'attendre d'un moment à l'autre à une cruelle catastrophe.

(1) 102 Personnes.

Un silence glacial règne à l'instant parmi cette réunion d'hommes, de femmes et d'enfants de toute condition.

La nuit arrive. Mais les détonations de l'artillerie se succèdent sans interruption jusqu'au lever du jour.

Le 26, une grande lassitude se manifeste visiblement parmi les fédérés ; on comprend que leurs rangs se sont éclaircis d'une manière sensible. « Si la lutte se prolonge, pensions-nous, le théâtre de l'action va changer. » — C'était notre espoir.

En effet, vers la fin de la journée, la fusillade se ralentit; mais le feu de l'artillerie reste le même, et on nous apprend que de nouveaux foyers d'incendie s'allument à l'entrée du faubourg Saint-Antoine.

Des bâtiments s'écroulent avec un fracas épouvantable, et une fumée intense semble pénétrer jusqu'à nous.

Les heures s'écoulent ainsi dans une anxiété impossible à décrire. On songe aux moyens de se frayer un passage dans la rue, si la maison venait à s'écrouler sur nos têtes.

Chacun se recueille, et cette seconde nuit se passe, comme la précédente, dans la crainte d'un dénoûment fatal.

Cependant, à une heure du matin, un bruit sourd retentit au loin. Un cliquetis d'armes, des pas cadencés, des voix nouvelles, annoncent un changement de scène : l'armée de Versailles a pénétré dans la rue Amelot.

Des sentinelles sont placées à l'entrée de la cave pour nous empêcher de sortir, et une fouille minutieuse a lieu partout : les insurgés ont disparu de la cour et des barricades qui l'environnent, mais le feu de leur artillerie remplace celui de l'armée de Versailles pour battre en brèche la maison, où la troupe s'est installée comme dans une redoute, se barricadant elle-même pour soutenir la lutte.

Le sol tremble toujours au bruit des détonations du canon. Quelques soldats blessés arrivent au milieu de nous, où ils reçoivent les soins que leur état réclame.

Nous apprenons par eux que les forces de l'insurrection se replient du côté de la mairie du XIe arrondissement, et que la lutte a cessé sur le boulevard Beaumarchais.

Nous pûmes quitter alors la rue Amelot pour regagner notre domicile, en marchant en quelque sorte sur de nombreux cadavres qui ne furent relevés que le dimanche 28 mai.

Notre séjour dans la rue Amelot au milieu des circonstances que nous venons de faire connaître, nous a rendu témoin d'une indifférence religieuse vraiment incompréhensible de la part de nos compagnons, alors que tous ils se croyaient au seuil de l'éternité. Et nous nous sommes dit en nous-même : — Lorsque, au milieu de l'Océan, un navire est brisé par les flots et sur le point de disparaître dans l'abîme, on voit toujours les passagers adresser à la divine Providence de ferventes prières pour échapper au péril du naufrage. Ici, au milieu de cette lutte terrible, en présence de dangers si grands, pourquoi cette torpeur des âmes qui semble éteindre en elles les sentiments de la foi? — C'est que le fléau de la guerre est encore un mal plus grand que les cataclysmes de la nature, où Dieu imprime davantage la crainte de son nom et de sa puissance.

Mais il est juste de dire qu'au milieu de ces réflexions intérieures, une pauvre veuve s'écriant avec désespoir, en songeant à la perte de son mobilier, devenu la proie des flammes, et à la ruine de sa maison : *Que deviendront mes enfants?* un jeune garçon de douze ans fit cette réponse sublime : *Dieu n'est-il pas là?*

C'était le neveu de notre digne ami, le jeune Corneille Tsas, qui, pendant les horreurs de la guerre civile, rappelait naïvement aux malheureux réfugiés des caves de la rue Amelot l'existence d'un Père céleste.

(14 juillet).  C. O.

TABLE DES MATIÈRES

FIN DE LA TABLE DES MATIÈRES.

www.ingramcontent.com/pod-product-compliance
Lightning Source LLC
Chambersburg PA
CBHW051718090426
42738CB00010B/1977